Catalogage avant publication de Bibliothèque et Archives nationales du Québec et Bibliothèque et Archives Canada

Pilote, Marcia, 1967-

    La vie comme je l'aime

    Autobiographie.

    Sommaire : [5] La cinquième saison.

    ISBN 978-2-89662-263-4 (v. 5)

    1. Pilote, Marcia, 1967- . 2. Romanciers québécois - 20e siècle - Biographies. I. Titre. II. Titre : La cinquième saison.

PS8581.I424Z46 2009   C843'.54   C2009-941127-X
PS9581.I424Z46 2009

Édition
Les Éditions de Mortagne
C.P. 116
Boucherville (Québec) J4B 5E6
Tél. : 450 641-2387
Téléc. : 450 655-6092
Courriel : info@editionsdemortagne.com

Photo en couverture
© Martine Doucet

Illustrations en couverture
© 123RF : Vladimir Yudin, Li Tzu Chien, Blue67. © iStockphoto : LokFung.

Illustrations intérieures
© iStockphoto : Chuwy, MichelIsola, Katritch.

Dépôt légal
Bibliothèque et Archives Canada
Bibliothèque et Archives nationales du Québec
Bibliothèque Nationale de France
4e trimestre 2013

ISBN 978-2-89662-263-4
ISBN (epub) 978-2-89662-265-8
ISBN (epdf) 978-2-89662-264-1

1 2 3 4 5 – 13 – 17 16 15 14 13

Imprimé au Canada

Nous reconnaissons l'aide financière du gouvernement du Canada par l'entremise du Fonds du livre du Canada (FLC) et celle du gouvernement du Québec par l'entremise de la Société de développement des entreprises culturelles (SODEC) pour nos activités d'édition. Gouvernement du Québec – Programme de crédit d'impôt pour l'édition de livres – Gestion SODEC.

Membre de l'Association nationale des éditeurs de livres (ANEL)

Marcia Pilote

La vie comme je l'aime

La cinquième saison

ÉDITIONS DE MORTAGNE

Sommaire

Introduction

Je croyais qu'après quatre recueils (*La vie comme je l'aime – Chroniques d'hiver*, *Chroniques d'été*, *Chroniques d'automne* et *Chroniques du printemps*), j'avais fait le tour. Mille deux cent quatre pages, deux cent quatre-vingts chroniques, autant de tête-à-tête pendant lesquels j'ai partagé avec vous mes réflexions, mes doutes, mes certitudes, mes joies, mes peines, ce qui fait de moi qui je suis, dans cette belle et grande aventure qu'est la vie, qu'est MA vie.

Je croyais avoir tout dit. Pourtant, je me suis rendu compte que tout n'est jamais dit tant qu'on vit. Chères lectrices, vous m'avez suppliée d'inventer une cinquième saison. J'aurais arrêté après la quatrième, car je ne veux pas vous ennuyer, vous faire perdre votre temps et, surtout, je ne voudrais jamais qu'en lisant mes chroniques, vous vous disiez : «Ouain... ce n'est plus ce que c'était...» Je ne souhaite qu'une chose : qu'on reste dans notre belle énergie, celle que nous avons su bâtir au fil des pages des quatre premières saisons.

Vous m'avez fait comprendre que cette belle énergie n'a pas de fin, qu'elle grandit quotidiennement et que tant qu'il y aura de la vie, il y aura des mots. Vous avez été des dizaines à m'écrire et à me dire (quand je vous rencontrais) :

— Marcia, il FAUT que tu continues d'écrire, on a besoin de tes chroniques.

— Marcia, je suis en train de relire les quatre saisons pour la troisième fois. Fais-en une cinquième, s'il te plaît !

— Tes livres m'aident tellement, tu ne peux pas arrêter là !

J'ai donc décidé de continuer à partager avec vous ma vie comme je l'aime, un peu plus chaque jour.

Je prends un engagement : je vous écrirai des chroniques tant que vous m'en demanderez. Je serai à votre service ! ☺

Voici donc la cinquième saison et nous inventerons ensemble d'autres saisons. Qui sait, nous pourrions nous rendre jusqu'à la vingt-huitième saison et célébrer mes soixante-quinze ans ! Le temps passe tellement vite et, oui, un jour, j'aurai cet âge vénérable... et je souhaite que vous soyez encore dans ma vie.

Pour le moment, j'ai quarante-six ans et je ne me suis jamais sentie aussi bien de toute ma vie. J'ai l'impression d'être dans la plus belle période ! Mes ennuis de santé sont derrière moi (j'ai souffert du syndrome de la queue de cheval il y a trois ans, ce qui m'a laissée avec des séquelles permanentes) et j'ai appris à vivre avec les limitations physiques causées par la maladie. Mes parents sont toujours en vie et habitent encore à quelques rues de chez moi. On se parle tous les jours, ils sont en santé et c'est formidable ! Mes trois sœurs que j'aime vont bien et mes deux magnifiques filles (Adèle, vingt-six ans, et Madeleine, dix-sept ans) aussi. Je suis plus que jamais en amour avec mon beau Cœur Pur, et ce, depuis sept ans. Ses quatre enfants sont les enfants de ma vie.

Professionnellement, j'ai le vent dans les voiles. J'ai animé la quotidienne *C'est ça la vie* durant trois ans, ce qui m'a amenée à vivre éloignée de ma famille du lundi au vendredi, car l'émission était enregistrée à Ottawa. J'avais loué une petite maison et je revenais chez moi les fins de semaine. L'émission a pris fin en avril 2013. Je suis donc revenue à temps plein à Boucherville et j'ai maintenant l'impression de commencer la seconde partie de ma carrière, qui sera remplie d'écriture, d'interviews, de conférences, de créativité et de joie. Je serai à la bonne place, au bon moment, avec les bonnes personnes.

Avec ce cinquième recueil de chroniques, ma vie continuera d'être remplie de vous, chères lectrices, de vos commentaires, de nos rencontres et de notre amitié. Ça me réjouit au plus haut point!

Bonne lecture!

Marcia

Légende

Les chroniques ont été regroupées en trois catégories, illustrées de la manière suivante :

 humoristiques

touchantes

 pistes pour mieux vivre

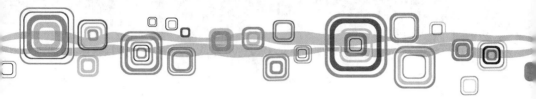

Ouvrir un livre

Pour lire mes chroniques, vous avez fait ce geste. Vous avez ouvert un livre et, du même coup, ouvert un univers.

Enlevez-moi le plaisir de faire ce geste et ma vie aurait beaucoup moins de saveur, j'oserais même dire beaucoup moins de sens. Dans chacun des tomes de *La vie comme je l'aime* à venir, soyez assurées qu'il y aura toujours au moins une chronique qui parlera des livres, de la nécessité de les ouvrir et de s'y plonger régulièrement, car c'est un de mes moteurs. Même si on n'y trouve pas toujours ce que l'on cherche, il ne faut pas se décourager et continuer d'en lire.

Vous devriez me voir quand je recopie dans mon ordinateur, mensuellement, toutes les suggestions de livres que j'ai glanées ici et là. La plupart proviennent du *Dossier Lecture* du magazine français *Psychologies*. Chaque mois, une dizaine de suggestions de romans, de récits et de livres de psychologie me tombent sous les yeux. Quelqu'un qui ne connaît pas ma passion pour les livres et qui entre dans mon bureau pendant que je note les titres pourrait avoir le réflexe d'appeler le 911. Mon pouls est élevé, je tremble, je suis fébrile, j'hyperventile, je ne me peux plus! J'ai tellement hâte d'aller à la bibliothèque pour mettre la main dessus! Comme ce ne sont pas des nouveautés, ils sont presque toujours disponibles.

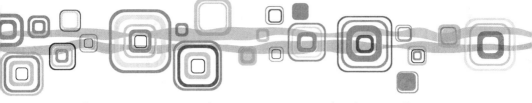

Je ne saurais vous décrire tout ce que les livres m'apportent. Parfois, il ne suffit que d'une phrase pour être marquée à vie...

Chaque livre est une trouvaille, une découverte, un bijou. Chaque récit de vie est un partage d'être humain à être humain. Tenir un livre entre ses mains et avoir l'impression de tenir un peu d'humanité, un peu de ce qui rend la vie plus facile, plus belle, plus acceptable, plus viable... Savoir qu'il y a des gens à travers le monde dont le métier est d'écrire la vie, d'écrire la psychologie humaine, pour qu'on la comprenne mieux, pour qu'on se sente moins seule, pour percevoir la vie entre les lignes, qui semble parfois si loin de ce qu'on nous montre à la télévision. La vie en mots qui nous touchent, qui nous font pleurer, qui nous font grandir.

Si j'étais sur une scène pour vous lire mes chroniques qui vous touchent tant, elles n'auraient pas la même portée. Quand vous m'écrivez pour me dire que vous avez pleuré en lisant un texte, c'est justement parce que ces mots ont été écrits et que vous les avez lus et non entendus. De nos jours, on entend davantage qu'on lit. À la télé, à la radio, pendant une conversation... Puis on ouvre un livre et, dans le silence des mots, il y a la tendresse, l'émotion, la certitude que nous ne sommes plus seules. En ouvrant un livre, vous ouvrez à la fois votre âme, vous mettez votre tourbillon quotidien sur pause pour pouvoir être atteintes en plein cœur par les mots gorgés de vie.

Je dois beaucoup aux livres. Ils m'ont aidée dans les moments difficiles, ils m'ont permis de voyager, de me faire de nouveaux amis lorsque je m'attache aux personnages, de comprendre les choses de la vie et de les nommer. Dans les moments où je perdais pied, où j'avais peur de vivre, je savais qu'il y avait les livres. Dès que j'en ouvrais un, mon angoisse diminuait, car entre les deux couvertures rigides se trouvait cette oasis disponible pour moi, rien que pour moi, en tout temps, toujours, et à mon rythme. Jamais un être humain ne pourra me donner ça. Jamais.

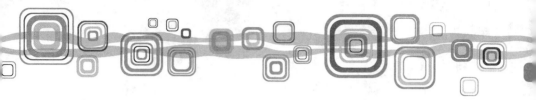

J'écris ces mots et je vous imagine dans votre bulle, dans votre silence. Vos enfants sont peut-être couchés, votre chum est peut-être à l'ordinateur, vous êtes peut-être malade au lit, dans la salle de bains avant de partir au travail ou même dans l'autobus, capable de vous fabriquer une bulle malgré l'espace bondé.

Peu importe où vous êtes, je sais qu'on est ensemble grâce à ces mots que vous lisez, grâce à ce geste si simple, celui d'ouvrir ce livre.

Je vous souhaite d'en ouvrir bien d'autres qui vous feront pleurer, grandir, voyager, réfléchir, vibrer et prendre conscience que la vie est vaste, belle et, surtout, si courte. La vie est un peu comme les pages d'un livre qu'on tourne sans savoir ce qu'il y aura au chapitre suivant, sans connaître la fin...

Si vous avez envie de recevoir ma liste des cent livres que j'ai le plus aimés jusqu'à aujourd'hui, n'hésitez pas à visiter mon site Web au www.marciapilote.com et à m'écrire. Elle sera également disponible sur ma page Facebook.

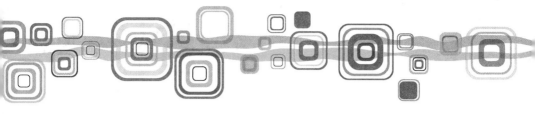

Par peur ou par amour?

«Une personne libre est une personne
qui peut refuser une invitation à dîner
sans donner la moindre excuse.»

JULES RENARD

Quand vous faites une action ou une activité (rendre service à quelqu'un, prendre la parole en réunion ou aller à un souper d'anniversaire), le faites-vous par peur ou par amour?

La question peut avoir l'air simpliste, j'en conviens, mais c'est surtout la réponse qui est intéressante. Pour la plupart d'entre nous, la réponse est: par peur. Ces deux émotions sont les moteurs de nos actions. Lorsqu'on parle de la peur, cela inclut aussi ses nombreux dérivés, tels que la culpabilité, l'envie et l'insécurité. Lorsqu'on parle de l'amour, cela inclut la joie, la paix, l'amitié, la solidarité, etc. Donc, chaque fois que vous faites quelque chose «à reculons», sans être transportée par un sentiment de joie, c'est que vous agissez par peur.

Un exemple concret. Votre amie vous a invitée à souper, il y a un mois, et vous avez inscrit la date sur le calendrier. Un mois plus

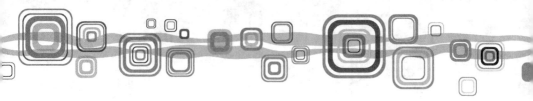

tard, la veille du souper, vous n'avez franchement pas envie d'y aller. Vous décidez d'y aller quand même, par peur :

- qu'elle vous en veuille ;
- de passer pour une lâcheuse ;
- qu'elle ne vous invite plus ;
- d'être jugée.

Et si vous preniez le téléphone pour lui dire la vérité ?

— Sais-tu, Céline, demain soir, ça me tente de rester tranquille chez nous... Qu'est-ce que t'en penses ?

Vous éviteriez de perdre votre temps et de le faire perdre à l'autre.

Je vous entends dire : « Ça s'fait pas ! »

Tout se fait, tout se négocie. Cela dépend de l'intention. Je trouve que ça ne se fait pas d'aller souper chez une amie alors que le cœur n'y est pas. Quel genre de compagnie allez-vous lui offrir ? Alors que si vous lui dites la vérité, elle sera libre de faire de sa soirée une belle réussite.

On s'emprisonne dans des schémas du genre « comment les choses doivent être faites », et on ne les remet pas en question. En observant vos actions sous cet angle, vous constaterez peut-être que 90 % d'entre elles sont faites par peur. Et vous vous placez dans des situations d'obligations perpétuelles ! Vous le savez comme moi, notre quotidien est TELLEMENT déjà rempli d'obligations, pourquoi en rajouter ?

Cela peut paraître marginal mais, depuis des années, je ne prends presque plus de rendez-vous à l'avance avec mes amies, tout simplement parce que j'aime la spontanéité. Quand j'accepte une invitation, c'est parce que j'en ai vraiment envie. Mes amies sont avisées et elles acceptent très bien ce fait.

Vous direz peut-être :

— Eh bien, à ce compte-là, on ne fera plus rien !!!

J'ajouterai : plus rien qui n'apporte pas de joie.

— Oui, mais on ne peut pas faire seulement ce qu'on aime dans la vie...

Vous avez raison, mais on peut aimer tout ce qu'on fait !

Voyez-vous la différence ?

Un autre exemple : une amie vous demande de garder ses deux enfants pendant qu'elle va au salon mortuaire. Il se trouve qu'aujourd'hui, samedi, c'est votre jour de congé. Votre mari est parti chez sa mère avec les enfants et, depuis une semaine, vous salivez à l'idée de lire dans le bain tout l'après-midi.

— Oui, oui, amène-les...

Vous n'avez pas osé dire non par peur de passer pour une égoïste. De plus, votre amie vous a déjà rendu service le mois dernier en allant reconduire vos enfants à l'école et vous vous sentez redevable. Et puis elle est en deuil !

Je vous jure que tout se dit quand cela part d'une bonne intention ! Si la personne le prend mal et se met à vous engueuler, à vous traiter d'égoïste ou si elle colporte ensuite que vous êtes une mauvaise personne, eh bien, vous saurez à qui vous avez affaire. En quoi, dire « non » fait de vous une mauvaise personne ? Je vous pose la question autrement. En quoi, SE choisir (choisir de lire dans le bain un samedi après-midi) fait de nous une mauvaise personne ?

Voici quelques suggestions de formules à employer pour dire non à quelqu'un. Je le fais régulièrement et cela fonctionne bien.

— Tu sais, Sylvie, j'aimerais vraiment te dépanner, mais je vais passer mon tour cette fois-ci. Je tiens à ce que tu me le redemandes quand tu auras besoin de moi.

— Je t'aime beaucoup, Julie, et ce n'est pas parce que je n'ai pas envie de te voir, mais vraiment, ce soir, je ne serai pas de bonne compagnie. Je suis fatiguée et j'aimerais mieux être seule.

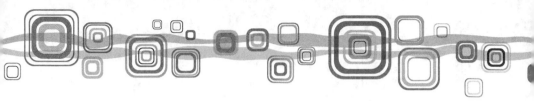

– Johanne, qu'est-ce que t'en penses si on faisait ça au resto plutôt que chez vous? Ça me conviendrait davantage...

Tout se négocie, tout se réfléchit, tout se *brainstorm*, mais tant que nous resterons figées dans les « ça ne se fait pas », « qu'est-ce qu'ils vont penser? » ou « qu'est-ce qu'ils vont dire de moi? », on ne pourra pas avoir la vie que l'on aime. Jamais mes amies ne m'ont rejetée ou méprisée parce que je leur donnais l'heure juste. Au contraire, elles m'ont déjà confié qu'elles admiraient mon authenticité. Tout peut se dire et tout peut se faire quand on part de l'intention de l'amour.

Même quand quelqu'un me raconte quelque chose qui ne m'intéresse pas, j'ai aussi appris à le dire :

– Andrée, je t'aime beaucoup, mais y a rien que je déteste plus que quelqu'un qui me raconte un de ses rêves...

Combien de fois vous êtes-vous retrouvée auprès d'une personne qui monopolise la discussion en vous racontant la vie de ses enfants, un voyage, un documentaire qu'elle a vu, etc.? Vous êtes restée plantée devant elle pour être polie, de peur de la blesser, et vous l'avez écoutée jusqu'à la fin, en vous demandant comment vous sortir de cette situation, n'est-ce pas?

La vie est trop courte pour endurer ça, non? Surtout quand on sait que tout se dit, que cela dépend de notre intention et que tout passe bien avec un sourire, avec de l'humour.

Avec la femme qui me racontait son rêve, mon intention n'était pas qu'elle se sente rejetée, mais bien qu'elle comprenne que je n'étais pas la bonne personne pour écouter son récit. Vous trouvez peut-être que je vais loin, mais non seulement on a le droit de dire non, de mettre ses limites, de s'affirmer, mais on en a le DEVOIR.

Si vous ne le faites pas, vous en subirez les inconvénients : frustrations, insatisfactions, impatience, désir de vengeance... n'est-ce pas du temps et de l'énergie perdus?

Essayez, vous allez voir que les occasions de s'affirmer sont nombreuses. Il suffit, chaque fois, de se poser l'ultime question : « Est-ce que je fais cela par peur ou par amour ? »

Imaginez le jour où nous agirons toujours par amour ! Imaginez toutes ces femmes épanouies, ricaneuses, détendues, heureuses et, surtout, fières d'être si authentiques ! Ça commence aujourd'hui. Maintenant et pour le reste de notre vie.

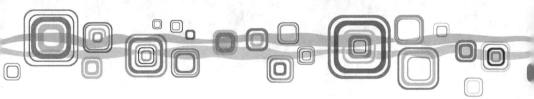

Rire souvent

Pâques 2013. Je suis au chalet chez ma sœur Jeanne et je discute avec son fils, Francis, mon filleul de onze ans. Je trouve qu'il ne rit pas beaucoup, qu'il est très sérieux pour son âge. Je lui dis que c'est important de rire plusieurs fois par jour, à sa façon. Il est très intrigué par mes derniers mots et me demande ce que signifie «rire à sa façon». Je lui explique qu'il y a plusieurs types de rire. En fait, les experts s'entendent pour dire qu'il y en a cent quatre-vingt-sept.

En voici quelques-uns : le rire jaune, le gras, le gêné, le forcé, le rire poli, l'incontrôlable, le moqueur, le snob, le spontané, l'étouffé, le suspect, le complice, le franc, le sarcastique et le nerveux. Mais le meilleur rire, celui qui fait le plus de bien, c'est le rire naturel et, pour y parvenir, il faut savoir ce qui nous fait rire. M'apercevant que Henri, Arthur, Elsa, quelques ados et adultes écoutent notre conversation, je décide de leur faire part de mes connaissances sur le sujet. Je vous résume ici mes propos, auxquels j'ai ajouté un peu de théorie à la suite de recherches.

Il existe plusieurs types d'humour et, comme pour les vêtements, chaque être humain a ses goûts, ses préférences, ses coups de cœur.

Les humoristes ont chacun leur spécialité. Certains préfèrent un type d'humour plutôt qu'un autre parce qu'il colle davantage à leur personnalité. Il en va de même pour les gens dont l'humour n'est pas

un métier. Vous avez sûrement un oncle qui fait sans arrêt des jeux de mots ou une cousine qui dit des choses macabres, et vous pensez qu'ils sont les seuls à se trouver drôles. Pas nécessairement, c'est juste que ces types d'humour ne vous rejoignent pas, *vous*. Tentez d'identifier ce qui vous fait rire et quel genre d'humour vous êtes tentée d'utiliser lorsque vient le temps d'amuser la galerie.

L'humour a été classé en cinq grandes catégories : le rire de joie, le comique, le social, de détente et le pathologique. Dans ces catégories, on peut retrouver les sous-types suivants :

LA FARCE

La farce trouve ses origines au Moyen Âge, dans les carnavals. Ces derniers abolissaient les conventions imposées par la société. Le mot vient du vieux français *fars* qui désigne un intermède comique dans un spectacle. La farce se joue souvent en duo et requiert des accessoires : peau de banane, tartes à la crème, etc. On utilise ce type d'humour pour exorciser la douleur d'une condition humaine ou, en d'autres mots, pour se lâcher « lousse » et rire de ce qui nous oppresse de façon très physique et exagérée. La pelure de banane, ça vous dit quelque chose ?

- Qui utilise ce genre d'humour ?

  Laurel et Hardy, Louis de Funès, les Marx Brothers, les personnages de la *commedia dell'arte*.

L'HUMOUR NOIR

Faire de l'humour noir, c'est vouloir rendre drôle ce qui d'habitude nous fait pleurer. Plaisanter sur la mort, la guerre, la maladie, les catastrophes ou la pauvreté rend nos angoisses moins effrayantes. C'est un humour qui fait sourire, mais qui crée aussi une sorte de malaise. On sourit donc timidement, car les sujets exploités ne sont pas *politically correct*.

- Exemples :

  1) Une personne demande à une autre : « Aimez-vous les enfants ? »

     L'autre répond : « Oui... bien cuits ! »

  2) Une fillette demande à sa mère : « Dis maman, c'est quoi un vampire ? »

     La mère répond : « Tais-toi et bois vite avant que ça coagule ! »

- Qui utilise ce genre d'humour ?

  La famille Adams, Woody Allen.

L'AUTODÉRISION

C'est l'arme désarmante qu'emploient souvent les minorités pour afficher leur différence et rire de leurs propres travers. Utiliser l'auto-dérision, c'est pratiquer l'humour aux dépens de soi et ainsi attirer la sympathie des autres.

- Qui utilise ce genre d'humour ?

  Buster Keaton, Mr. Bean, Charlie Brown, Woody Allen, Monty Python.

LA SATIRE

La satire a été développée par le philosophe grec Socrate, il y a plusieurs centaines d'années. Il s'en servait comme moyen de stimuler la réflexion philosophique pour dénoncer des problémati-ques d'ordre politique ou social, de même que tous les travers et les injustices de la vie en société. La caricature, la parodie ou l'imitation sont souvent associées à ce type d'humour, qui se moque de tout, sans tabous.

- Qui utilise ce genre d'humour?

Charlie Chaplin (dans *Le Dictateur*), Coluche, les revues et spectacles de fin d'année comme *Le Bye bye*, *Les fables de Lafontaine*.

LA CONTREPÈTERIE

Il s'agit d'inverser deux lettres ou deux syllabes pour changer complètement le sens d'une phrase.

- Exemple :

1) Sonnez trompettes, trompez sonnettes ;

2) Femme molle à la fesse, masse folle à la messe.

LES JEUX DE MOTS (OU GUY MONGRAIN, SORS DE CE CORPS !)

C'est cette catégorie que préférait mon filleul. Il avait les yeux ronds quand je lui ai expliqué qu'ils permettent d'activer son cerveau, de rester alerte pour saisir une phrase et en faire une bonne blague avec un jeu de mots, à tout moment. Plus on prend de l'expérience dans ce domaine, plus on peut raffiner ses jeux de mots.

Il y a aussi le calembour, les bourdes, le sarcasme, la pitrerie, la plaisanterie, le coq-à-l'âne, etc. Impossible de ne pas rire au moins cinq minutes par jour avec tous ces genres d'humour qui nous entourent !

Encore aujourd'hui, je me souviens des yeux pétillants et allumés de Francis, qui venait de découvrir qu'il avait le droit de « magasiner » son type d'humour. Je lui ai expliqué que rire était à la portée de tous, même si nous sommes malades ou déprimés, et que la seule personne qui peut voir à ce que ce besoin de base soit comblé, c'est nous. Il m'a demandé si je riais mon cinq minutes par jour. Je lui ai répondu de multiplier ce chiffre par cinq : je ris au moins vingt-cinq minutes par jour et j'aide les autres à atteindre leurs cinq minutes,

en leur racontant des anecdotes ou des blagues. Depuis que j'ai acheté un livre de blagues pour enfants, il n'y a pas très longtemps, je m'amuse à les apprendre par cœur et à les raconter chaque fois que j'en ai l'occasion. Quoi de mieux pour briser la glace et apprendre à se connaître que de raconter des blagues autour d'un feu ou de la machine à café? C'est souvent la personne la plus gênée qui finit par raconter les farces les plus osées, debout sur une chaise!

Ce soir-là, avant de partir, Francis m'a demandé si je pouvais lui prêter mon livre de blagues la prochaine fois que je le verrais.

— Non seulement je vais te le prêter, mais je vais t'en acheter des nouveaux et quand je n'aurai pas ri mon cinq minutes, pendant une journée, je te téléphonerai!

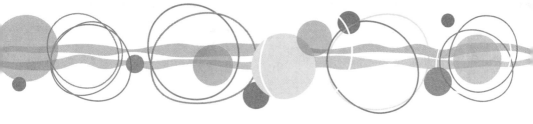

Mes bonshommes en carton

Quand j'étais enfant, la plupart de mes amies avaient des collections. Ma meilleure amie Valérie collectionnait les sacs. À cette époque, il y avait encore de beaux sacs en plastique épais quatre couleurs, pas bons pour l'environnement, mais très agréables pour les yeux. La collection de Valérie provenait de partout dans le monde. Mon ami Michel avait sa collection de Schtroumpfs. Il m'a avoué dernièrement qu'il la conservait précieusement. Ma voisine Charlotte collectionnait les poupées vêtues des costumes traditionnels de chaque pays; ma sœur Jeanne, les timbres, et je pourrais vous nommer encore une vingtaine de mes ami(e)s qui chérissaient leurs « objets rares ».

Je n'avais jamais ressenti ce besoin. Cela me semblait trop prenant, car qui dit collection dit aussi être constamment à la recherche de l'item qui viendra la compléter. Qui dit collection dit être un peu obsédée par les objets convoités. On ne veut *surtout* pas les abîmer, on ne veut pas passer à côté du *deal* du siècle, on veut avoir LA plus belle collection. Si je peux si bien vous en parler, c'est que j'ai été piquée par la mouche collectionneuse « sur le tard » (au début de la vingtaine). On est souvent piquée par cette mouche au moment où l'on s'y attend le moins.

Savez-vous ce que je collectionne depuis plus de vingt ans? Ce qui me procure un vif plaisir, des heures de joie sans pareil et, surtout, qui ne me coûte pas un sou? Les bonshommes en carton grandeur nature! Vous savez, ceux qu'on retrouve dans les lieux publics: à la SAQ, à l'épicerie, à la pharmacie, dans les clubs vidéo, les cinémas, les caisses populaires?

Tout a commencé avec le gros moine Xerox. Vous souvenez-vous de la publicité télévisée où il y avait quatre moines dans un monastère qui faisaient des photocopies et étaient fascinés par la machine? Un jour, dans un centre de photocopies, je suis tombée face à face avec un de ces moines, en carton et grandeur nature. Un genre de frère Tuck avec une pile de feuilles dans les mains. Ç'a été le coup de foudre. Je le voulais dans mon salon. J'ai demandé au commis si je pouvais l'avoir. Miracle! Je suis repartie avec mon moine dans ma voiture. Je l'ai placé sur le siège avant du passager et j'ai jasé avec lui pendant le trajet. J'étais au comble de la joie!

Ensuite, je suis tombée en amour avec le bonhomme Kraft, un bel homme à la raie sur le côté, l'air très avenant. Je l'ai même apporté dans la chambre d'hôpital de mon amie Ève, qui venait de se faire opérer, question qu'elle ne se sente pas trop seule. Les infirmières sursautaient quand elles entraient dans la chambre la nuit... les bonshommes en carton ont vraiment l'air réel! Elles m'ont sommée de le sortir de la chambre si je ne voulais pas qu'un membre du personnel ait une crise cardiaque.

Ma collection ne s'est pas arrêtée là... J'ai mis la main sur le capitaine High Liner, sur un pompier de la Fondation des grands brûlés, sur le roi du BBQ chez Metro, sur un chauffeur d'autobus, sur une caissière en tailleur de la Caisse populaire (elle avait une petite pochette à dépliants dont on s'est longtemps servies pour déposer les petits mots que l'on s'écrivait, mes filles et moi).

Le capitaine High Liner m'a souvent accompagnée à des soupers, quand j'étais célibataire. Je demandais à mes hôtes : « Est-ce que je peux venir avec un invité surprise ? » Et j'arrivais avec le capitaine, pour qui on avait préparé un couvert, et il passait la soirée à mes côtés. J'ai eu Gaston L'Heureux, Shrek, les jumelles Milwaukee et, mon préféré, Richard Simmons en plexiglas. Vous savez, le p'tit monsieur frisé qui fait maigrir les Américaines et qui participait souvent à l'émission d'Oprah ?

Lui, c'était le *nec plus ultra*. Comment je l'ai « rencontré » ? Il était étendu sur un matelas Simmons au La Baie des Promenades Saint-Bruno. J'ai travaillé fort pour l'avoir ! Selon le gérant, il valait environ 100 $, mais il devait le renvoyer à la compagnie. J'ai insisté : « S'il vous plaît, collez un Post-it dessus avec mon nom et mon numéro de téléphone, et si jamais vous vous en débar-rassez, appelez-moi ! » Quelques mois plus tard, j'ai reçu un appel du gérant. Je pouvais récupérer *mon* Richard Simmons ! Il a long-temps eu une place de choix, étendu près du foyer du salon, puis je l'ai donné à une amie en peine d'amour...

J'ai aussi eu un Monsieur Muffler, un agent d'immeubles, Elvis Gratton habillé en cuirette, le Géant vert, John Travolta. Travolta a failli causer une chicane avec une amie... J'avais mis mon numéro de téléphone à l'endos de John-en-carton en demandant au gérant du club vidéo de m'appeler quand il voudrait s'en départir. Voilà qu'un jour, alors que je roulais en voiture sur le boulevard non loin de chez moi, j'aperçois le John en question dans la fenêtre de l'appartement de Catherine, la sœur de ma bonne amie Martine. Je décide de sonner chez elle. Elle avait récupéré mon John !

— Mais ils ne m'ont jamais appelée !

J'étais très peinée de ne pas pouvoir ramener mon beau John à la maison. J'ai demandé à Catherine de m'appeler avant de le mettre au recyclage !

Il y a aussi eu l'immense présentoir du film *Hansel et Gretel* qui ne rentrait même pas dans ma voiture et qui prend toute la place dans la chambre d'Arthur, le fils de Cœur Pur. Petit détail : les personnages tenaient d'énormes fusils dans leurs mains, alors chaque fois que j'entrais dans la chambre, deux *guns* étaient pointés sur moi ! J'ai fait disparaître les armes...

Ma dernière acquisition m'a donné des sueurs froides. En voyage annuel de filles dans le Maine, avec mes deux filles, ma nièce et ma sœur, nous étions en camping. La consigne était : quand il pleuvra, on s'en va au cinéma. Et il a plu un soir. Il était environ 22 h lorsqu'on est sorties de la salle de cinéma et j'ai aperçu, dans la vitrine principale près de l'entrée, plein de Schtroumpfs en carton autocollant (de la taille d'un enfant de cinq ans), du genre qu'on peut décoller et recoller à souhait. J'ai arraché un des Schtroumpfs sans demander la permission et je suis sortie du cinéma avec mon trophée.

Ma fille Adèle venait tout juste de terminer ses études de droit. Je me suis donc retrouvée avec une avocate en droit international sur le dos.

— Maman, c'est grave ! Tu ne peux pas faire ça... on est aux États-Unis et tu viens de *voler* un Schtroumpf ...

— C'est pas si grave que ça...

— Es-tu folle ? Tu pourrais aller en prison !

Et elle s'est mise à me réciter des passages des lois américaines. Je me voyais déjà faire la une du *Journal de Montréal*, recroquevillée dans ma cellule. J'imaginais mes filles venir me visiter dans le parloir, accompagnées de mes bonshommes en carton... et j'ai commencé à avoir vraiment peur.

— OK, je vais le rapporter...

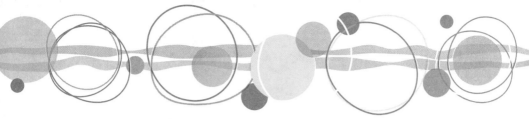

— Non, ça va être pire, ils vont appeler la police.

— Voyons, Adèle, tu « paranoïes »... Alors, qu'est-ce que je fais avec le Schtroumpf à lunettes ?

— Embarque dans la caravane et on n'en parle plus, a-t-elle finalement lancé en regardant autour pour s'assurer que personne ne nous voyait.

J'ai collé le Schtroumpf dans mon véhicule et il y est encore. Pouvez-vous croire que l'eau me coulait dans le dos à cause du stress, quand on est passées aux douanes quelques jours plus tard ? J'étais certaine qu'on avait signalé mon vol de Schtroumpf et que les douaniers m'attendraient avec des menottes. Finalement, nous avons franchi les douanes le sourire aux lèvres, le Schtroumpf à lunettes bien heureux d'avoir été adopté et de venir vivre dans un nouveau pays !

Je crois que je vais collectionner les bonshommes en carton jusqu'à ma mort. J'imagine même à mes funérailles, près de mon cercueil, toute ma collection de personnages qui se recueillent et qui me rendent un dernier hommage !

Avertissement

Après avoir lu cette chronique, je suis certaine que vous allez commencer à remarquer les personnages en carton grandeur nature et que, chaque fois, vous aurez une petite pensée pour moi!

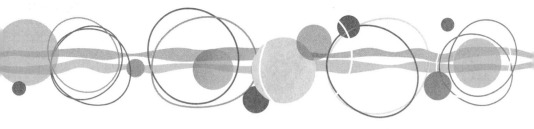

J'dépoche pus !

Les filles, si vous avez quarante-cinq ans et plus, vous allez pleurer de rire avec moi. Quant aux autres, vous risquez de ne pas comprendre, mais lisez quand même ce qui suit, ce sera une préparation psychologique à ce qui vous attend. En vieillissant, je savais que mes seins, mes genoux et mes paupières allaient tomber. Je savais que je risquais d'avoir des vergetures pendant (et après) mes grossesses, quelques poils blancs au menton (au bikini, même), des rides de fumeuse au-dessus de la lèvre supérieure même si je ne fume pas, un p'tit cou de poule, de la cellulite dans les mollets, de la couperose sur les ailes du nez, les cheveux qui tombent par poignées, des bourrelets de brassière dans le dos, des taches brunes sur les mains, des ongles friables, un double (sinon un triple) menton. Je savais qu'à moins d'aller suivre un cours intitulé *Fesses de fer*, mon postérieur allait perdre de sa fermeté. Pas de problème jusque-là avec tout ça, c'est la fatalité. Mais il y a une réalité que je n'avais absolument pas vue venir. Personne ne m'avait dit que j'allais me lever un matin, pochée comme d'habitude, mais que... je ne dépocherais plus de la journée. Indépochable.

Avant, si je me levais à 7 h du matin, je pouvais être certaine d'être défroissée à 8 h 30. La vie passait son fer à repasser dans ma face, jusque dans les moindres petits replis. Mais maintenant, elle attend le soir avant de faire son repassage et c'est malheureusement l'heure

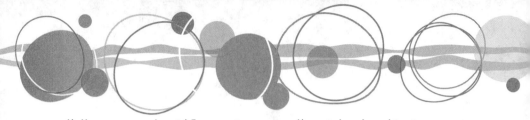

d'aller me coucher! Non mais, y a-tu d'quoi de plus déprimant que ça? Des vergetures, ça peut aller; de la cellulite, OK, j'ai juste à ne pas montrer mes cuisses à tout le monde; des mains de p'tite vieille à quarante-cinq ans avec le forfait taches brunes, j'peux le prendre... Mais des boursouflures et des valises sous les yeux, je crois que je ne m'y habituerai jamais. La solution serait peut-être de me lever une heure plus tôt pour entreprendre une «job de potée» sur mon visage : cache-cernes, cache-poches, cache-crevasses, le tout acheté au gallon. Aussi bien me mettre un sac de papier sur la tête et percer des trous pour les yeux, pour les narines et pour la bouche, ce serait beaucoup plus simple... Je ne me couche plus sans m'assurer d'avoir placé mes mini *ice pack* au congélateur. Je les applique sur mes yeux le matin et ça aide à les faire dégonfler.

Récemment, j'ai reçu en cadeau un panier de produits pour peaux matures. En prime avec ça : des aiguilles à tricoter, un appareil auditif et des *peppermints* roses. En passant, je me demande bien qui trouve les noms de crèmes pour femmes d'âge mûr, parce que c'est tout un défi de ne pas froisser (jeu de mot facile, je vous l'accorde) la consommatrice. Jamais vous ne verrez les mots ou les slogans suivants sur un pot de crème antirides : ratatinées, plissées, vieillissantes, troisième âge, «oublie donc ça, ma vieille, y a pu rien à faire», «meilleure chance la prochaine fois, sauf que malheureusement, ça ne peut qu'empirer dans ton cas !» ou «moi, si j'étais toi, j'investirais mon argent ailleurs (dans un préarrangement, par exemple)», «dans les p'tits pots les meilleurs onguents, mais pour toi, on ne parle plus de p'tits pots, on parle de vieille peau». Lors de votre prochaine visite en pharmacie, lisez bien les étiquettes : lift fermeté, crème haute exigence, rajeunissante, régénérant jeunesse, crème reconstitution profonde, double sérum...

Pour dépocher, on m'a même convaincue d'acheter un tube de Préparation H (c'est un truc de mannequin qui ne peut pas se permettre d'être pochée lors d'une séance photo), il paraît que ça

vient à bout de l'enflure dans le temps de le dire. J'avoue que je ne l'ai jamais essayée, je ne suis pas encore rendue là. Je connais l'expression « j'ai le trou du cul en dessous du bras », mais pas celle « en dessous des yeux » !!!

Oui, j'ai aussi essayé de m'accepter telle que je suis et, la plupart du temps, je n'ai pas trop de problème. La journée sans maquillage, c'est à l'année, au grand désespoir d'Adèle, qui ne comprendra jamais comment une femme peut sortir de chez elle sans maquillage. Je ne me maquille jamais, sauf quand j'ai une prestation à faire. C'est plutôt les autres qui semblent avoir un problème avec mes yeux pochés. Si je ne me fais pas le traitement *ice pack*, je vous jure que, même après avoir dormi dix heures, les gens me disent que j'ai l'air fatiguée. D'ailleurs, pourquoi les gens se permettent-ils de commenter l'aspect physique des autres? L'autre jour, à la gare, il était 9 h du matin lorsqu'un commis me dit que j'ai l'air d'avoir passé la nuit sur la corde à linge.

J'veux bien croire que je n'étais pas maquillée, mais y a des limites !

J'ai répondu :

— Non, j'suis pas fatiguée du tout, je viens de dormir neuf heures... mais vous savez quoi? J'ai quarante-six ans, alors c'est normal d'avoir cette face-là... C'est une face de femme au naturel. Quand vous voyez dans un film une femme de quarante ans se réveiller avec l'air d'en avoir vingt, c'est ça qui n'est pas normal !

Et j'ai ajouté :

— En passant, vous devriez savoir que ça ne se dit pas à une femme, surtout le matin... Le soir, ça passe mieux parce qu'on a notre journée dans le corps et les traits possiblement tirés, mais le matin, c'est plus insultant qu'autre chose.

Il n'a visiblement rien compris puisqu'il s'est exclamé :

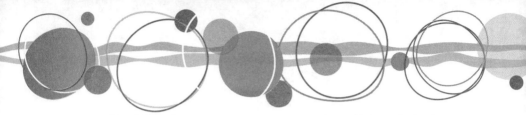

— Ah! Mais j'suis pas sexiste, moi, madame Pilote. Je le dis aussi aux hommes quand je trouve qu'ils ont l'air maganés!

Ouch. De fatiguée, je venais de passer à maganée en l'espace de cinq minutes!

C'était peine perdue, alors je suis repartie avec mes valises dans les mains (et sous les yeux).

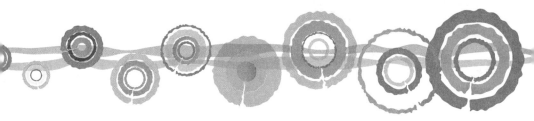

Cent chandelles

Je crois que les moments où je suis le plus « Marcia », c'est assise autour d'une table (dans une maison, là, pas un resto), avec mes amies. Pas avec mes parents, avec mes sœurs ou avec des collègues, non, avec mes amies que je connais depuis trente ans.

Pourquoi suis-je moi-même à 100 % dans ce contexte ? Parce que je n'ai aucun rôle à jouer. Je ne suis pas la blonde de, la mère de, la fille de, la sœur de... je suis l'AMIE avec un grand A, celle qui est invitée à cette table parce qu'elle y a sa place, celle que les autres filles connaissent sous toutes ses coutures. Elles m'ont vue dans toutes les situations possibles : peine d'amour, angoisse avant un examen de fin d'année, en révolte contre mes parents à l'adolescence, etc. Elles ont assisté à toutes mes premières fois : première brosse, premier échec, premier appartement, première *job*, premier enfant, première séparation. Elles m'ont vue malade, en amour, en déménagement, en appartement, en condo, en SPM, en transition, au chômage, en deuil, en colère, en vacances...

Elles ont commenté mes chums, mes *jobs*, mes choix, mes enfants, mes vêtements, mes cheveux. Elles m'ont consolée, rassurée, encouragée, divertie, accueillie, fêtée, admirée. Elles m'ont prêté de l'argent, écouté parler des heures au téléphone,

elles ont vu les mêmes films que moi, lu les mêmes livres, elles m'ont fait part de leurs idéaux à quinze ans, elles m'ont confié qu'elles n'avaient pas rencontré leurs idéaux à trente ans, elles ont pleuré, je les ai consolées et on a fumé des cigarettes sur leur balcon.

J'ai connu leurs parents, j'ai toujours été là pour elles dans les moments difficiles, j'ai gardé leurs enfants et elles les miens, j'ai ouvert de bonnes bouteilles de vin pour célébrer la vie. Je les ai vues à moitié nues essayer des vêtements dans une cabine d'essayage et je sais si elles ont des vergetures, des varices, un petit bourrelet sur le côté. Je suis allée leur porter de la soupe lorsqu'elles étaient malades, je leur ai prêté des livres, elles m'ont aidée à décorer ma maison, elles m'ont suggéré leurs recettes gagnantes, elles m'ont refilé leurs meilleurs tuyaux, elles m'ont présenté leur chum. Parfois, certains d'entre eux me trouvaient « menaçante »! Je n'ai jamais compris comment un homme peut trouver l'amie de sa blonde menaçante. Il faut qu'il soit très insécure, non?

J'ai entendu à quelques reprises des phrases du genre : « Tu vas te faire mettre plein d'idées dans la tête. » Oh que oui, ma belle, tu vas te faire mettre plein d'idées dans la tête par tes amies qui t'aiment : des projets de voyages entre filles, des conseils sur ta vie conjugale et tu vas sûrement te faire dire que ça n'a pas d'allure de sortir avec un gars contrôlant de même, que tu mérites mieux que lui. Tu vas même nous envier, parfois, quand tu vas nous voir si libres, et là, dans ta tête, surgiront des images de toi à quinze ans avec ton air confiant et ton assurance, celle que tu as un peu perdue. Ces images de liberté, ces scénarios où tu te donnes le droit d'être heureuse, à l'extérieur d'une cage dorée, eh bien, ils s'imprimeront dans ton esprit...

Oui, tu reviendras à la maison et ton chum te dira que tu es plus distante, que les soupers de filles, ça te trouble, et que tu

ne devrais plus y aller. Et tu répondras que tu es juste un peu fatiguée, mais au fond ce ne sera pas la vérité, tu n'auras jamais été aussi en forme, aussi énergique, parce qu'après chaque souper de filles, tu reviens avec une étincelle au fond des yeux, avec le sentiment que tout est possible, que tu as le droit d'avoir une vie remplie de gens qui t'aiment et qui te soutiennent dans ce que tu as de plus grandiose : ton désir de vivre intensément. Pour ton chum, ça veut dire aller voir ailleurs, pour toi, ça veut dire prendre l'engagement solennel d'être vraie, d'être toi-même, d'être celle qui se déploie, comme dans tes soupers de filles. Tu aimes que tes amies, celles que tu connais depuis trente ans, sachent ça de toi. Cela te rassure, tu sais qu'il y a une petite mémoire collective qui ne te laissera jamais oublier.

Assises autour de la table, chez Martine, on rit fort, on mange du « crémage » à gâteau avec nos doigts, on récite à voix haute des répliques des *Belles-Sœurs*, pièce dans laquelle on a joué au secondaire, on se pogne les bourrelets, on sort le miroir grossissant quinze fois pour se regarder les rides de près, on rit de nos travers. Même Julie, en peine d'amour, n'a plus le cœur gros. Elle a retrouvé son cœur d'adolescente, ni gros ni petit, qui bat au rythme du moment présent, moment qui passe tellement vite. Les quarante-huit chandelles sur le gâteau de Martine (dégarni de « crémage ») en témoignent ! Et quand il y en aura quatre-vingts, quatre-vingt-dix ou peut-être même cent, je souhaite qu'on ait encore ce pétillement dans les yeux, celui qui dit : « Comme on a vécu une belle vie, comme on a eu de bonnes amies, merci. » À cent chandelles, ce sera peut-être les dernières que nous soufflerons. Notre souffle se fera plus hésitant, plus faible, c'est vrai, mais c'est ce même souffle de vie qui a permis aux magnifiques personnes que nous sommes de répandre autour d'elles une lumière unique. Et quand cent chandelles éclairent, ça fait un sapré beau feu de joie !

Mon amie Martine et moi, à mon anniversaire,
avec le magnifique gâteau qu'elle m'a fait.

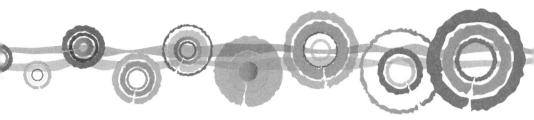

Un samedi de mai

Il est 1 h du matin. Il y a un fond de silence si doux, dans ma campagne. Un silence comme une belle musique qui me fait flotter. Mon amoureux dort dans la chambre à côté et je l'aime.

Nous sommes seuls au chalet, Cœur Pur et moi, depuis deux jours. Il est allé au lit à 20 h, m'a demandé de le border pour qu'il puisse m'amener avec lui dans ses rêves. Je lui ai gratté (oui, oui, vous avez bien lu...) le bras et le front, et il s'est endormi. Dès qu'il s'est mis à ronfler, je suis venue m'asseoir au salon avec la lumière mauve du soleil qui finissait de se coucher sur le lac. J'ai commencé à lire, mais j'ai pensé que c'était un sacrilège que mes yeux ne profitent pas de ce qu'il y avait de plus beau à contempler, plus beau que les mots de mon livre. Le soleil qui se couche et qui me dit «bonne nuit» en éteignant sa lumière. Le soleil qui veut m'amener avec lui pour être certain de me retrouver demain, pour être sûr que je sois dans sa lumière.

Je me lève et sors pour contempler cette splendeur, les montagnes, les arbres, l'eau qui baigne dans la lumière. Je respire l'air frais et je remplis mes poumons de cette cuvée du 25 mai 2013, cette journée vécue une seule fois. Un bon cru. Dans mon chalet, il n'y a que du silence, un bon silence plein de tendresse, de joie, d'amour et de p'tits bonheurs vécus en ce samedi de mai. Appeler ma mère dans la cabine téléphonique du village, aller acheter des oignons pour faire

une super soupe, rouler en voiture pour admirer le nouveau vert des feuilles. Revenir au chalet en fin d'après-midi et voir mon amoureux avec ses bottes de pluie en train de retourner la terre pour nous faire un jardin où pousseront ces courges spaghettis que j'aime tant. Mon amoureux qui sent le vent, la terre et le soleil, et l'aimer tout à coup si fort que si je plantais tout l'amour que j'ai pour lui, là, dans notre jardin, il pousserait des cœurs gros comme l'Univers.

Ce soir, dans le silence de ma maison de campagne en bois rond, entourée d'eau, d'arbres, de ciel et de noirceur, je sais que tout est en train de dormir pour prendre une pause de la vie. Mes castors, mes canards, mes enfants chez leur autre parent, mes parents âgés, vous, mes lectrices (à part les insomniaques ou les nouvelles mamans qui allaitent), tous dorment tranquillement dans le silence de la nuit.

Entrer dans le cadeau du silence de cette fin de journée, en sachant en profiter pleinement. Entrer dans ce silence le cœur empli de gratitude d'être là, si heureuse, si amoureuse, si chanceuse.

J'éteins la lumière et je vais me coucher. Je vais rejoindre mon amoureux dans ses rêves, là où je suis déjà.

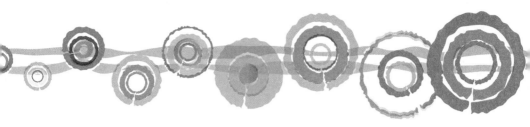

La belle Audrey

Les funérailles d'Audrey ont été un des événements les plus tristes de ma vie. Audrey avait l'âge d'Adèle. Elles étaient souvent dans la même classe et je l'ai bien connue car, chaque année, je montais une pièce de théâtre à l'école primaire de mes filles. Elle venait aussi jouer à la maison de temps en temps et on l'invitait à l'anniversaire d'Adèle. Une vraie belle jeune fille, un peu timide, que le théâtre avait aidée à faire sortir de sa coquille. Je me souviens qu'elle m'avait confié aimer venir jouer à la maison parce qu'on pouvait se déguiser et se maquiller. Il y a toujours eu chez nous un immense coffre avec des déguisements et du maquillage et je crois qu'il ne se passait pas une journée sans qu'Adèle se déguise...

Il y a deux ans, à l'âge de vingt-trois ans, Audrey a eu un malaise sur l'autoroute et, une fois rendue à l'hôpital, on lui a annoncé qu'elle avait une tumeur au cœur. Cancer.

Elle est morte quelques mois plus tard.

Adèle étudiait en Europe et je lui ai annoncé la triste nouvelle par Skype.

J'écris ces lignes et j'en ai encore les larmes aux yeux. Comment comprendre et accepter qu'une fille dans la fleur de l'âge, remplie

de potentiel, de vie, de beauté, d'énergie, termine sa vie à vingt-trois ans, alors que toutes ses amies la commencent !

Je suis entrée dans le salon funéraire en ce dimanche de novembre. Partout, des photos de cette magnifique jeune femme, une sorte de Julia Roberts au naturel, une splendeur ! Il y avait aussi des papillons dessinés quelques jours avant son départ, dans le cadre d'une activité d'art thérapie de la Société canadienne du cancer. J'ai d'abord vu son père et il m'a demandé des nouvelles d'Adèle. Voir si j'allais commencer à lui parler de ma fille quand la sienne était au fond d'une urne... Je n'ai pas pu dire un seul mot. Les larmes coulaient sur mes joues. Puis je suis allée voir Louise, sa mère, et le même scénario s'est répété. Alors je suis sortie pleurer dans ma voiture.

Dans le stationnement du salon funéraire, j'ai appelé Jacques, le père d'Adèle. Il a bien connu Audrey, elle vivait derrière chez lui. Je pleurais, je lui ai dit qu'on avait de la chance d'avoir notre fille. Il pleurait aussi, il a ajouté que c'était terrible. Tout ce que j'ai pu répondre, c'est qu'il fallait apprécier chaque seconde de cette belle grande vie...

Je n'étais ni révoltée ni en colère, seulement très triste. J'ai appelé mes parents pour leur dire que je m'en venais. À mon arrivée, ils ont bien vu que j'avais les yeux bouffis. Je leur ai parlé de ma peine et en même temps, égoïstement, de ma joie d'avoir encore mes enfants, mes parents et mes sœurs autour de moi... J'ai pensé à Louise, la maman d'Audrey, et je lui ai envoyé de l'énergie.

Un an plus tard, j'ai rencontré Louise par hasard. Je lui ai annoncé qu'Adèle revenait au pays pour quelques semaines et qu'elle aurait aimé la revoir. Finalement, on n'a pas réussi à trouver un trou pour se voir, dans l'agenda chargé du temps des fêtes. Une année s'est écoulée et Adèle est revenue s'installer définitivement à Montréal. J'ai revu Louise à quelques reprises par hasard, elle m'a dit qu'elle

avait envie de voir Adèle, que ça lui ferait du bien, mais encore une fois les dates ne concordaient pas.

Il y a quelques semaines, pour les vingt-six ans d'Adèle, j'ai eu une idée. J'organise toujours une grosse fête, pour son anniversaire, et j'invite un invité surprise. L'an dernier, un de ses amis est venu lui chanter le répertoire de Joe Dassin. Cette année, c'était... Louise.

Quand j'ai parlé de mon idée à Jacques, il m'a dit :

— Ouain, cette fête risque de prendre une tournure dramatique...

— Non, au contraire, ça va être une célébration de la vie ! me suis-je empressée de répondre.

Adèle est venue au début de l'après-midi pour m'aider avec les préparatifs de la fête. Louise est arrivée la première avec un beau bouquet d'orchidées, les fleurs préférées d'Audrey. Quand Adèle a ouvert la porte et l'a vue, elle a poussé un cri et s'est mise à pleurer. Je les ai laissées seules dans le salon pour aller verser quelques larmes dans la salle de bains. Puis les autres invités sont arrivés. J'avais sorti des photos d'Adèle et d'Audrey à l'âge de sept ou huit ans, des photos que Louise n'avait jamais vues. J'ai présenté Louise aux invités en ne me gênant pas pour parler de sa fille. Il n'y avait rien de triste dans tout ça, c'était plein de vie. Adèle a fait un discours devant tout le monde lorsque j'ai apporté le gâteau et je n'ai pas pu m'empêcher de regarder Louise du coin de l'œil (humide !), en me disant qu'Adèle parlait aussi un peu pour sa fille, qu'Adèle continuait de vivre pour toutes ces filles qui ont terminé leur route.

À la fin de la soirée, Louise m'a remerciée en me confiant que, depuis deux ans, les gens ne l'invitaient plus, qu'ils l'évitaient. Pourtant, elle avait besoin de garder vivant le souvenir de sa fille. Même si elle n'était plus là physiquement, elle était toujours présente dans leur vie et même plus qu'avant.

En terminant, je me permets de vous demander quelque chose : si vous connaissez quelqu'un qui vit le deuil d'un enfant, je vous en prie, passez par-dessus votre malaise, votre pudeur, votre inconfort et aidez ce parent à garder son enfant vivant *autrement.* Si vous aviez vu l'étincelle dans les yeux de Louise ce jour-là, si vous aviez ressenti l'énergie de joie que nous insufflait sa fille de là où elle était, vous n'auriez plus peur. Je crois que c'est ça, aussi, la solidarité entre êtres humains : ne pas avoir peur de traverser ensemble les « zones inconfortables », pour en ressortir collectivement plus forts et tellement plus... vivants !

Adèle et Audrey, enfants.　　　　　La belle Audrey.

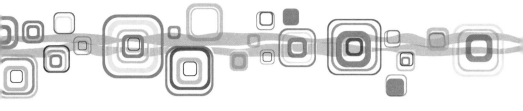

La Voix, la vie

Comme près de deux millions de personnes, j'ai aimé regarder l'émission *La Voix*. J'établissais même mon horaire du dimanche en fonction de sa diffusion, c'est dire à quel point j'étais accro! Ce ne sont pas tant les performances artistiques que j'appréciais, mais toutes les réflexions et les leçons de vie qui me venaient en tête après avoir éteint mon téléviseur et au cours des jours suivants. Pour tout vous dire, *La Voix* m'a aidée à traverser une période de ma vie qui aurait pu être très difficile.

Quand j'ai commencé à l'écouter, je venais d'apprendre que *C'est ça la vie* ne reviendrait pas en ondes à l'automne suivant. Je l'ai su deux mois avant la fin. Deux mois à me rendre en studio tous les jours, en sachant que le décompte avait commencé. Deux mois à tenter de rester dans mon «corridor de confiance», comme j'aime l'appeler. J'avais peur de me retrouver devant rien, moi qui venais de connaître le bonheur professionnel et une complicité avec un auditoire précieux.

La Voix m'a fait prendre conscience que *C'est ça la vie* ne revenait pas. Allais-je perdre mon talent pour autant? Non. Ce qui faisait de moi une animatrice estimée, il y avait quelques semaines, existerait encore quand l'émission ne serait plus en ondes. Je devais me répéter plusieurs fois par jour: « L'émission est finie, mais pas toi!»

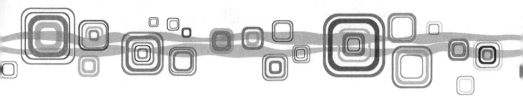

Si je vous raconte tout ça, c'est parce que je sais que nous sommes nombreuses à vivre une ou plusieurs transitions professionnelles au cours de notre vie : congédiement, changement d'orientation, mise à pied en raison d'une restructuration, etc. Il faut avoir la force de continuer à croire en nous, à ce que nous avons à apporter aux autres grâce à nos talents et, surtout, il ne faut jamais perdre conscience de notre valeur. Elle ne peut pas être amoindrie en raison d'un arrêt ou d'une pause temporaire dans notre carrière. Voilà pourquoi, peu importe le domaine, il est crucial de ne pas se définir en fonction de ce qu'on fait, mais en fonction de ce qu'on est. C'est dans l'être que réside notre valeur.

Il y a quelques jours, j'ai reçu ce courriel de Nancie, qui a accepté que je le partage avec vous :

> *Chère Marcia,*
>
> *J'ai lu vos livres il y a un petit bout de temps et il m'arrive souvent de penser à vos écrits.*
>
> *Aujourd'hui, j'ose vous écrire, car vous représentez la liberté et le courage pour moi.*
>
> *Actuellement, je vis de grands bouleversements qui me terrorisent !*
>
> *Après huit mois d'arrêt de travail, ayant subi du harcèlement psychologique, j'apprends l'abolition de mon poste après trente-deux ans de loyaux services et de grande passion pour mon métier de conseillère pédagogique, je suis partie avec une légère compensation financière pour dommages moraux...*
>
> *Après de grandes souffrances et beaucoup de peine, j'ai réussi à faire mon deuil de ce milieu avec l'aide précieuse de mon entourage, mais en fait, ce qui m'angoisse le plus, c'est de me retrouver devant rien au*

niveau professionnel. Je suis complètement paniquée à l'idée de manquer d'argent et c'est dans ces moments-là que je pense à vous...

Je ne doute pas de ma créativité, mais est-ce suffisant pour mettre du beurre et du pain sur ma table...?

J'avais besoin de partager ceci avec vous.

Merci de m'avoir lue.

Nancie, j'écris cette chronique pour toi et, si cela peut aider toutes celles qui vivent une situation semblable, tant mieux.

Quand un projet, un contrat ou tout autre emploi où notre talent était reconnu prend fin, c'est très très difficile de ne pas se remettre en question. Dans mon métier d'animatrice, je suis à la merci des projets et du bon vouloir des diffuseurs. Je risque donc d'être remerciée du jour au lendemain. Peu de personnes vivent cette réalité professionnelle. Je ne me plains pas, mais si je n'avais pas eu la certitude de mon talent, la certitude que j'ai ma place dans ce milieu, j'aurais difficilement vécu cette dernière grande transition.

Quant à Nancie, même si elle ne pouvait plus faire rayonner ses qualités professionnelles chez cet employeur, cela signifiait-il pour autant que sa carrière était terminée? Non, absolument pas. Ce qui s'offre à moi, à Nancie et à toutes celles dans la même situation, c'est un contexte professionnel encore mieux adapté à notre essence et à notre talent. Il faut avoir le courage et la foi de croire en soi, mais aussi de faire le travail sur soi et ne jamais laisser la peur gagner. Autrement dit, il faut croire en ce que nous avons à offrir et faire confiance à la vie dans la période « d'entre-deux », car elle s'assurera toujours de nous donner tout ce dont nous avons besoin au moment approprié et en abondance.

Cette période d'entre-deux est la plus difficile à vivre, mais elle est aussi la plus importante pour la suite des choses. Notre confiance

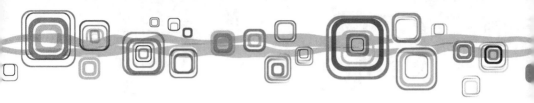

est mise à rude épreuve, le découragement peut survenir. Pourtant, c'est le moment propice pour évaluer notre potentiel.

Il serait facile de vous dire d'avoir le courage de foncer si les offres d'animatrice avaient afflué tout de suite après la fin de l'émission, ce qui n'a pas été le cas. Honnêtement, j'aurais pu me sentir *loser* quand j'ai entendu parler d'une nouvelle émission et que personne ne m'a convoquée aux auditions. Mais par un travail acharné sur moi, j'ai fait en sorte que ça ne se produise pas. Pour la première fois de ma vie, j'ai passé quatre mois sans engagement professionnel, sans salaire (heureusement, j'avais mis de l'argent de côté) et sans aucune proposition d'emploi. Avril, mai, juin, juillet.

Chaque jour, j'activais ma confiance, je méditais, j'écrivais, je « travaillais » sur moi, bref, je mettais toutes mes énergies à combattre le sentiment de ne plus avoir de valeur et à ignorer des pensées comme :

- Tu ne dois pas être si bonne que ça si personne ne t'offre quelque chose… ;

- Tu as bien fait d'en profiter, c'était tes derniers moments à vie à la télévision… ;

- Pensais-tu vraiment que ça allait durer longtemps ?

Le plus difficile : ne pas laisser les pensées négatives nous envahir et devenir vraies, parce qu'on en a décidé ainsi. Dans ces moments-là, les personnes de notre entourage, capables de nous rappeler notre valeur, sont d'un grand secours.

Avoir confiance que tout arrive toujours pour le mieux. Il faut laisser la vie faire son travail, même si cela signifie de vivre ces « entre-deux » douloureux. Tout au long de notre vie, on les fuit et on passe d'un emploi à un autre, d'un conjoint à un autre. Pourtant, ces « pauses forcées » sont essentielles à notre évolution, à notre développement et à notre épanouissement. Pendant ces périodes, on se

sent plus vivantes! Il suffit de les vivre pleinement et calmement, dans la foi.

Quel est le rapport entre l'émission *La Voix* et le propos de cette chronique? Tous les participants à ce concours de chant ont un immense talent, mais on sait d'avance qu'il n'y aura qu'une personne gagnante, qui aura un succès assuré pendant plusieurs années. Les perdants doivent-ils mettre de côté leur rêve pour autant? Après *La Voix*, il n'y a plus de voie tracée devant eux? Non. Alors qu'est-ce qui fera la différence entre une personne qui continuera à chanter dans différentes productions professionnelles et une autre qui renoncera à son rêve?

Tous les concurrents ont un talent impressionnant. Tous caressent le rêve de chanter professionnellement. Pourquoi celui-là percera et pas celle-là, ou pourquoi elle et pas lui? Le hasard y est pour quelque chose, mais c'est le «après» qui sera déterminant.

Et tout passe par l'attitude, le degré de confiance que la personne a envers la vie. Ce qu'un concurrent perdant tire comme conclusion de son expérience fera toute la différence.

Il y a longtemps, un conférencier expliquait qu'il ne faut pas attendre les conditions idéales pour offrir son talent aux autres. Il donnait l'exemple d'un homme dont le rêve était de chanter et à qui il a lancé: «*You want to sing? Sing!*» Je me répète souvent des phrases du même genre: «Tu veux animer? Anime!» ou «Tu veux écrire? Écris!»

Si on cessait d'attendre après les autres pour exprimer ce que notre petite voix intérieure nous crie de faire? Même si je n'ai pas la possibilité d'interviewer les gens dans le cadre d'un contrat, je ne me prive pas de le faire. C'est une des choses que j'aime le plus au monde et je n'ai pas besoin d'un plateau de télévision pour cela. Je n'ai besoin que d'une chose: des gens. Ne vous surprenez pas si vous me voyez aborder une inconnue dans un lieu public, je serai

en train de l'interviewer pour mon plaisir, parce que cette personne me semble intéressante. Tu veux animer? Anime. Peu importe où, quand, comment, avec qui.

Julie Massicotte est la candidate qui m'a le plus émue. Elle roule sa bosse dans le milieu depuis plus de vingt-cinq ans. Elle a une voix magnifique et, enfin, elle est reconnue du public. Pourquoi pas avant? Elle n'était pas prête? Elle ne croyait pas en elle? Pourtant, elle avait la même voix, le même désir. Son parcours a seulement été plus long... mais plus long par rapport à quoi? Par rapport à ce qu'on croit être normal? Par rapport à notre propre définition du succès?

En écoutant *La Voix*, j'ai pris conscience que les candidats qui se savaient talentueux et qui ne se remettaient pas en question avaient la meilleure attitude.

On a tous une voie, un talent unique, et peu importe si les juges se retournent ou non, l'important, c'est notre propre conviction. Le jour où nous serons prêtes à diffuser notre talent, où nous aurons mis de côté notre peur du succès, alors nous comprendrons que le bouton sur lequel les «juges» appuient pour nous choisir est dans *nos* mains. Nous sommes les premières à *devoir* appuyer dessus.

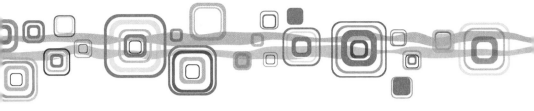

Règle tes affaires si tu veux être prospère

J'étais en train d'écrire mes pages du matin, dans mon bain, et de jeter sur papier des idées pêle-mêle, lorsque j'ai écrit cette phrase dans la marge : «Règle tes affaires si tu veux être prospère.» En période d'écriture d'un tome de *La vie comme je l'aime*, il arrive souvent qu'un titre de chronique ou une idée de sujet s'impose, comme un cadeau. Je ne sais jamais quand ça va m'arriver, mais j'aime que cela se produise par surprise, justement. Tout à l'heure, j'écrivais sur l'importance de faire un travail sur soi, pour avoir la vie que l'on aime, et cette phrase est apparue : «Règle tes affaires si tu veux être prospère!»

Je déteste ce genre de phrase «pensée magique», digne d'un slogan de motivateur, avec sa tonne de bagues en diamant, mais puisque je me suis juré de traiter comme des cadeaux précieux toutes les phrases qui surgissent dans mes pages du matin, je me suis mise à y réfléchir. Si on décortique cette phrase, on peut vraiment comprendre certaines choses importantes.

Premièrement, il faut définir ce qu'est la prospérité. J'ai lu assez de livres sur le sujet et entendu assez de conférenciers parler de la prospérité pour en avoir ma propre définition. Il est important de se

demander : qu'est-ce que ça veut dire être prospère, tant sur le plan financier, social, matériel et spirituel ? J'ai commencé cette réflexion à l'âge de quinze ans, après avoir lu l'un des plus vieux livres sur le sujet : *Les lois dynamiques de la prospérité*, de Catherine Ponder.

Pour moi, la prospérité, c'est lorsqu'on sent qu'on est à la bonne place, au bon moment, avec les bonnes personnes. Mais comment savoir qu'on est au bon endroit, au bon moment, avec les bonnes personnes ? Pour savoir ce qui nous ressemble, il faut savoir qui l'on est. Et pour le savoir, il faut « travailler sur soi ». Je n'aime pas particulièrement le mot « travailler », mais cela signifie que notre connaissance de soi, des sciences de la vie et de notre évolution devienne LA priorité dans notre vie. Et si ce ne l'est pas, il faut se demander pourquoi.

Vous me direz que peu de gens ont cette priorité. Je vous répondrai que peu de gens font de ce désir de « travailler » à ce que leur vie soit conforme à ce qu'ils sont, un peu plus chaque jour, une priorité. La plupart de ceux qui le font ont eu un avertissement de la vie (une maladie, la perte d'un être cher ou toute autre épreuve) et connaissent désormais ce sentiment d'urgence de vivre qui les pousse à ne pas perdre de temps avec des futilités.

Alors que signifie « régler ses affaires » ? Eh bien, c'est ici que la notion de « travail » entre en jeu. Régler ses affaires, c'est avoir un suivi rigoureux de ce qui ne va pas dans notre vie. Premièrement, en prendre conscience, et deuxièmement, en trouver la cause. Ce petit travail à faire au quotidien est assez simple et excitant. En apprendre sur soi un peu plus tous les jours, n'est-ce pas formidable ? Pas par rapport à ce que les autres pensent ou disent de nous, mais par rapport à ce qu'on ressent, ce qu'on perçoit de nous. J'ai quarante-six ans et j'en apprends encore sur moi presque tous les jours.

« Régler ses affaires », ça signifie aussi régler son passé. Pas l'oublier ou le nier, mais l'accepter. C'est là que la notion de pardon entre en jeu (j'approfondis davantage ce sujet dans la chronique

Ce que je sais du pardon, dans ce livre). Pardonner pour être libre et régler ses affaires pour être prospère. Du moment que ce « ménage » est fait chaque jour, on vivra dans une maison comme on l'aime, où on a toujours envie d'être, parce que c'est chaleureux, que ça sent bon, que ça correspond à nos besoins, que c'est chez soi, tout simplement, et que ça nous ressemble.

Un petit conseil d'amie : ne dites pas aux autres que vous « travaillez » quotidiennement sur vous-même, car vous allez passer pour une timbrée. Si vous dites aux gens que vous faites quatre-vingt-dix minutes d'activité physique par jour, vous verrez l'admiration dans leurs yeux. Vous serez perçue comme étant une personne déterminée et disciplinée. On pensera : « C'est pour ça qu'elle est tellement en forme ! » Par contre, si vous dites aux gens que vous consacrez quatre-vingt-dix minutes par jour à votre vie spirituelle, vous verrez dans leurs yeux de la suspicion et de l'étonnement ! On pensera : « Oh là là ! Cette fille doit avoir de gros problèmes, elle a besoin d'une béquille, ça va pas ben son affaire ! »

Malheureusement, encore aujourd'hui, cette perception négative du « travail sur soi » est répandue, comme si, à un certain moment, on était censée avoir tout réglé et qu'il fallait passer à autre chose. Pourtant, jamais on ne dira à une sportive : « Tu as fait beaucoup de sport et tu es assez en forme, maintenant, ça ne sert à rien de continuer. » Pourquoi alors envoie-t-on ce message aux sportives de l'âme ? Plus on est en forme spirituellement, plus on a envie de continuer à s'entraîner, comme pour l'activité physique. Et plus on est en forme spirituellement, plus on a une vie qui nous ressemble. C'est pour cette raison que je ne parle jamais de cet aspect de ma vie avec des gens fermés à cette dimension. Ma vie spirituelle est trop précieuse pour que je laisse les autres la juger et me juger de surcroît. J'aime mieux me taire, continuer à régler mes affaires et... être prospère !

Félicitations !

Avez-vous parfois une boule de tristesse qui monte dans votre gorge quand vous vous retrouvez seule? Je me demande si toutes les femmes ressentent cette émotion, mais n'osent pas en parler. Dans notre société, il faut toujours avoir l'air au-dessus de nos affaires, vibrante, en santé. On doit tout cacher : ses cernes, ses cheveux gris, ses pattes d'oie, sa culotte de cheval, son âge, ses émotions. À force de se cacher, on ne se retrouvera plus, ne pensez-vous pas?

J'aime voir mes amies démaquillées, un peu pompettes, sortir de leur personnage de madame parfaite. J'aime reconnaître en elles la fille de quatorze ans que j'ai rencontrée au secondaire. J'aime savoir que cette essence fait encore partie d'elles. J'aime aussi les voir un peu déprimées, assises dans leur lit en pyjama, en train de pleurer, en train de me dire qu'elles se sont perdues de vue et qu'elles vont tout faire pour se retrouver. Mais ce que j'aime surtout, c'est dire «félicitations!» à une femme qui m'annonce qu'elle vient de se séparer.

ÉPICERIE, SAMEDI, 14 H 30

— Josée Simard!? Es-tu revenue vivre dans ta ville natale?

— Allô, Marcia! Je suis contente de te revoir, ça fait quoi, au moins...

— Vingt ans!

— Ça ne nous rajeunit pas.

— Tu as eu quarante-cinq ans comme moi, l'année dernière?

— Oui, la pire année de ma vie.

— Comment ça?

— Tu te souviens de Stéphane? J'étais avec lui depuis le secondaire. On s'est séparés et puis...

— Félicitations!

— Pardon?

— Tu as bien compris. Je te félicite.

— Euh...

— Si tu t'es séparée, ce doit être parce qu'il y avait quelque chose qui ne fonctionnait pas entre vous et depuis longtemps, même, n'est-ce pas?

— Oui...

— Tu devais y penser depuis des années.

— Avec le recul, je peux dire que oui.

— Ç'a dû être complètement déchirant de poser ce geste.

— Mets-en.

— Tu as probablement pesé le pour et le contre pendant des semaines...

— Des mois...

— Et tu en es arrivée à la conclusion que c'était le choix à faire et tu as eu le courage de le faire, alors je te dis «félicitations».

— Ben, merci. Je ne pensais pas me faire féliciter pour ça aujourd'hui, moi!

— Je suis tellement écœurée d'entendre dire qu'on fait partie de la génération «jeter après usage» et qu'on se sépare pour des riens! Je n'ai encore jamais rencontré un couple qui avait une chicane le dimanche soir et qui se séparait le mercredi matin. Quand on a des enfants et qu'on arrive à la conclusion qu'il vaudrait mieux vivre séparément, ce n'est pas de gaieté de cœur qu'on prend une telle décision et il faut être très courageux pour en arriver là.

— Mais dans certains cas, c'est tellement fait tout croche...

— Oui, c'est vrai, mais une séparation se fait à l'image du couple qu'on était. Si tu as été mariée à un gars qui avait de la difficulté à communiquer, qui était froid et distant, ça ne s'est sûrement pas amélioré pendant la séparation. C'était peut-être même pire.

— Tu sais, il y a plusieurs couples qui devraient se séparer mais qui n'osent pas.

— J'en connais plein...

— Moi aussi.

— Mais ils restent ensemble pour les enfants, ils ont peur de les traumatiser. Pourtant, ils les traumatisent probablement déjà avec leurs non-dits, leurs chicanes, leurs peines et leurs frustrations. Comment veux-tu être un parent disponible quand ton disque dur est rempli de ces préoccupations? Il y a une période où je ne pensais qu'à ça...

— Te séparer?

— Non, à bien faire fonctionner mon couple. Je devais même en être harcelante pour mon chum. J'avais une boule dans la gorge, j'avais souvent envie de pleurer. J'avais l'impression que je n'arriverais jamais à la faire disparaître et j'en souffrais.

— Est-ce que tu y es arrivée?

— Oui, mais pas avec lui.

— Félicitations!

— Ça va faire trois ans bientôt et j'ai l'impression d'avoir réappris à aimer.

— Recommencer à zéro et tout réapprendre... je connais ça! Au début, après ma séparation, je n'avais plus de repères et c'était paniquant. Puis peu à peu, je me suis retrouvée.

— Comme si, après une longue partie de cache-cache, après avoir trouvé tout le monde, tu t'étais trouvée toi, cachée loin, loin, loin?

— En plein ça.

— Quand on a fini de compter, après le fameux «prêt, pas prêt, j'y vais!» on trouve facilement les autres, mais pas nous. Et enfin on la voit, cette femme assise, les genoux repliés, qui attendait patiemment d'être trouvée. Une femme triste, aussi, d'avoir été oubliée si longtemps. Et on la prend par la main, on lui dit: «Viens, ma belle, on va apprendre à se connaître. Je ne sais même pas qui tu es. Je t'ai bien connue, enfant et adolescente, mais depuis que tu es une femme, nous n'avons pas pris souvent le temps de nous rencontrer. Promets-moi qu'on va le faire souvent, à l'avenir, parce qu'on en aura besoin pour continuer sur le chemin qui est le nôtre. On ne se laissera plus jamais tomber, promis?» Promis.

— Faut vraiment que j'y aille... Laisse-moi ton numéro de téléphone, ce serait l'fun qu'on aille prendre un café.

— Oui et si possible, pas dans vingt ans!

Nous sommes reparties chacune de notre côté. Elle, nouvellement célibataire, avec son petit sac d'épicerie, moi, rejoindre ma gang, ma belle grande famille recomposée, avec mon immense panier. Même âge, réalités différentes, mais unies par le même désir de faire de notre vie une réussite, avec toutes les difficultés que ça comporte et, surtout, avec tout ce qu'on ne sait pas d'avance. Et en plaçant les sacs d'épicerie dans le coffre de la voiture, je me suis dit: «Félicitations!»

Les accords toltèques

Connaissez-vous les accords toltèques? Je vous dirais qu'ils m'ont plus d'une fois sauvé la vie. Façon de parler. Ils m'ont sauvée du doute, de la peine et du désespoir.

J'avais lu *Les quatre accords toltèques* pour mon travail, lorsque j'étais recherchiste pour Claire Lamarche. À l'époque, je l'avais aimé, mais c'est précisément il y a sept ans qu'il est entré dans ma vie par la grande porte. C'est Cœur Pur qui en avait un exemplaire et qui aimait bien ces principes de vie. Paru aux États-Unis en 1997 et vendu à plus de quatre millions d'exemplaires, ce livre est tout simple. Il propose de passer avec soi quatre accords visant à briser ses croyances limitatives. Les Aztèques nous auraient transmis le savoir de la philosophie toltèque. Les Toltèques étaient des guerriers du nord de l'Amérique latine et auraient vécu entre 1000 à 1300. L'auteur mexicain Don Miguel Ruiz, qui est aussi chaman, a actualisé ces fameux accords afin qu'on les applique dans notre vie quotidienne.

Je peux vous promettre que si vous réussissez à mettre ces quatre principes de vie en pratique chaque jour, vous atteindrez un niveau inégalé de paix intérieure. Il n'y a rien de sorcier, rien de l'ordre de la pensée magique, ce sont des principes assez simples à comprendre. Le hic, c'est qu'ils sont difficiles à appliquer! Pour les mettre en pratique tous les jours, il faut de la rigueur et, surtout, il faut avoir conscience de sa façon de réagir devant les situations de la vie quotidienne. Ces principes de vie m'ont permis de passer à travers plusieurs difficultés

(surtout liées à ma vie professionnelle). Comment survivre à l'*ego* mal placé de certaines personnes, à la méchanceté (inconsciente ou non), aux jeux de pouvoir, aux intentions malveillantes?

Il n'existe pas de recette magique, mais différentes théories, dont les accords toltèques, qui sont dans mon «top 3» des techniques m'ayant le plus soutenue.

PREMIER ACCORD

Quoi qu'il arrive, n'en faites pas une affaire personnelle.

Autrement dit: «prenez-le pas personnel». Très très difficile à faire. Un collègue a l'air bête avec vous? Tout de suite vous pensez que vous avez fait quelque chose de mal, qu'il vous en veut, et vous passez en revue vos derniers échanges pour voir quand vous avez bien pu le froisser. La vérité? Dans 99% des cas, vous N'AVEZ RIEN à voir avec son humeur. Il est peut-être troublé par un problème conjugal, un ennui de santé ou financier. Bref, le fait de tout rapporter à vous nuit et brouille les pistes. Sans parler que cela vous éloigne de votre paix intérieure et du moment présent.

Quand vous cesserez de «prendre les choses personnelles», votre *ego* en prendra un coup. Dans le fond, pour qui on se prend? Croire que tous nos collègues ont un pli dans le front par notre faute, c'est se donner une importance que l'on n'a pas! Nous ne sommes pas responsables de ce que les autres pensent ou disent de nous. Voici une phrase qui fait réfléchir: «Ce que Pierre pense ou dit de Paul en dit plus sur Pierre que sur Paul.»

DEUXIÈME ACCORD

Que votre parole soit impeccable.

Vous pouvez demander à mes amies, à mes collègues, à ma famille, je ne parle jamais contre qui que ce soit. Je préfère dire les choses en face. Aussi (c'est très difficile), je ne contribue pas à une conversation où circulent des propos négatifs et discriminants à l'égard d'autrui.

Lorsque quelqu'un vient me voir pour me parler en mal d'une autre personne, j'ai préparé des petites phrases passe-partout qui font des miracles et qui mettent tout de suite fin à ce genre de propos.

- Exemple:

  Une collègue me dit:
  — As-tu remarqué que Ginette n'est pas à son affaire ces temps-ci?

  Phrase passe-partout:
  — On ne sait pas ce qu'elle vit, elle a sûrement ses raisons. Je suis certaine qu'elle ne le fait pas exprès.

  Si la collègue renchérit:
  — Moi, en tout cas, si j'étais son *boss*, ça ferait longtemps que je lui aurais donné un avertissement...

  Phrase passe-partout:
  — Je pense qu'on va les laisser gérer leurs affaires, ça ne nous regarde pas...

La plupart du temps, soit la personne change de sujet, soit elle s'en va... Cet accord est difficile à respecter, car la tentation de dire du mal des autres, de médire pour se montrer meilleure, est assez forte.

Troisième accord

Ne faites pas de suppositions.

Voilà l'accord qui m'a été le plus utile et salutaire. Je suis dotée d'une grande imagination et il n'est pas rare que je transforme un fait en un scénario catastrophe. Je suis parfois convaincue que telle personne agit avec moi de telle façon pour telle raison, mais ce ne sont que des suppositions construites à partir de mes observations, de mes peurs et de mon système de défense! Quand je commence à faire des suppositions, je m'arrête et je vais aussitôt vérifier auprès de la personne concernée:

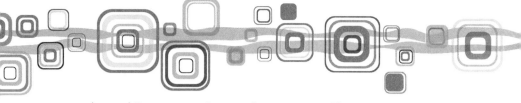

— Anne-Marie, quand tu as dit ça, tout à l'heure, est-ce que tu le pensais pour vrai?

— Denis, quand tu as réagi de telle façon, est-ce que ça voulait dire que je n'étais pas la bienvenue à la réunion?

— Hélène, je t'ai remis un texte et tu ne l'as pas commenté, alors que tu as vanté plusieurs fois celui de Carl. Est-ce que c'est parce que tu trouves mon texte poche?

— Marc-André, je suis restée sur l'impression que tu n'avais pas aimé mon commentaire, hier, est-ce que je me trompe?

C'est vraiment très difficile à faire, mais il faut avoir le courage de communiquer, d'aller vers les autres pour tirer au clair certaines situations où l'on s'est sentie traitée injustement. Cela laisse la possibilité aux autres de s'exprimer, de dire ce qu'ils pensent vraiment et nous permet par le fait même de corriger le tir s'il y a eu malentendu. Cela évite beaucoup de tristesse et de drames! Toutes ces suppositions créent des ravages. Elles nous causent du stress, de la peine et des soucis qui briment notre paix intérieure, notre belle énergie.

Ce troisième accord peut facilement être jumelé au deuxième, car il arrive souvent que l'on fasse des suppositions en groupe, en parlant d'une autre personne: untel doit être homosexuel, untel a perdu sa *job* parce qu'il aurait fraudé... Si notre parole est impeccable, par le fait même, on se tiendra loin des suppositions et des potins. Vous verrez que, malheureusement, c'est difficile à faire...

Quatrième accord

Faites toujours de votre mieux.

Faire plus que ce qui nous est demandé et avoir le sentiment du devoir accompli. Pas dans le sens d'être perfectionniste et de surpasser les autres, mais afin de donner le meilleur de soi.

C'est dans le monde professionnel que ces quatre accords m'ont le plus aidée. Je n'avais jamais vraiment connu les rouages d'une équipe de travail permanente, cinquante heures par semaine. J'avais entendu parler des stratégies d'intimidation au travail, des guerres de pouvoir, des jeux de coulisses, j'y avais un peu goûté au cours de certains mandats, mais toujours de loin. En tant que travailleuse autonome, les deux tiers de mon travail se passaient chez moi, seule dans mon bureau, en relation avec plusieurs équipes et non avec une seule. Je m'étais volontairement tenue loin de ces situations que je savais pénibles et dévorantes. Je n'avais jamais été prise de court devant des *patterns* professionnels qui piègent les êtres humains créatifs. Durant ces trois années à travailler exclusivement avec la même équipe, j'ai eu à comprendre et à développer des stratégies pour ne pas être victime des *patterns* suivants :

- Personnes qui essaient de nous affaiblir afin qu'elles se sentent plus fortes ;

- Personnes qui n'aiment pas notre essence, qui nous tolèrent mais dont les sentiments négatifs, même s'ils ne sont pas exprimés ouvertement, finissent toujours par ressortir ici et là, à travers des commentaires, des allusions ou des comportements ;

- Personnes clés supposées vous aider à rayonner, à prendre votre place, mais qui feront tout (inconsciemment ou pas) pour que vous ne la trouviez pas tout à fait, cette place, question de garder autour de vous un flou, un doute, un bémol.

J'ai eu à composer avec tout ça... et vous aussi, sans doute.

Quand on dit que le milieu de la télévision est un milieu difficile, il n'est pas question du travail, parce que, quand on a du talent, on peut très bien s'en sortir. C'est un milieu où il est difficile de garder son assurance, sa solidité et sa joie de vivre. Comme téléspectateur,

vous ne savez pas tout ce qui se passe derrière le décor, vous n'êtes pas conscient de ce que les gens en ondes ont à endurer pour mériter leur place à l'écran. Je pourrais vous raconter des dizaines de témoignages de vos animateurs et animatrices préférés, qui sont allés en ondes chaque jour, en travaillant avec des gens incapables de les sentir...

En parlant avec des femmes de différents milieux (professeures, infirmières, comptables, etc.), je me suis aperçue qu'elles vivaient elles aussi des situations semblables. Alors on fait quoi? On retourne chez soi? On pleure, on se recroqueville et on s'affaiblit jusqu'à ne plus être capable d'exercer son métier? Ou on travaille sur soi, dans une énergie d'amour, d'accueil et de pardon, pour que ces *patterns* et ces pièges de l'*ego* ne viennent pas à bout de nous?

Je me suis dit: je vais apprendre, trouver des solutions et avancer. Il m'a fallu être stratégique, consciente et très solide. Voici un exemple: quelqu'un vous pose une seule petite question devant tout le monde, un jour, et ça vous démolit. Une question qui sous-entend que vous n'êtes plus en pleine possession de vos moyens. Avec l'intention pernicieuse de vous clouer au sol pour remporter le combat, alors que vous ne savez même pas que vous êtes en train de vous battre. Du genre:

— Qu'est-ce qui se passe avec toi ces temps-ci?

Qu'est-ce que cette question insinue? Que ça ne fonctionne pas? Que vous n'êtes pas bonne? Que vous ne l'avez pas pantoute? Comment je réagissais? Avec amour et solidité. Chaque fois, je puisais dans la banque généreuse de courriels de téléspectateurs et de téléspectatrices, et quand j'avais accès à leur numéro de téléphone, je les appelais. Je remercie d'ailleurs les dizaines de personnes avec qui j'ai eu des échanges téléphoniques et qui m'ont aidée à continuer mon travail. Vous ne pouvez pas savoir à quel point vos bons mots ont été importants pour moi... Vous étiez surprises de m'avoir au bout du fil, mais pas autant que moi de vous sentir si émues!

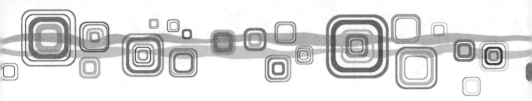

Je savais que toutes ces situations déplaisantes et difficiles n'arrivaient pas pour rien. C'était l'occasion ou jamais de renverser des *patterns*. J'avais quarante-trois ans et, pour une fois dans ma vie, j'allais rester solidement debout à ma façon. Jouer des *games* de pouvoir et jouer du coude n'ont jamais fait partie de mes valeurs, mais cela ne signifie pas que je n'ai pas le droit d'avoir ma place, que je n'ai pas le droit d'exercer et de faire rayonner mon talent. C'est l'application rigoureuse des quatre accords toltèques et l'écriture quotidienne de mes fidèles pages du matin qui m'ont soutenue dans cette formation intensive. Une heure par jour de pages du matin, religieusement. Pendant trois ans, je me suis levée à 5 h 30 pour être certaine d'avoir une heure complète à moi avant de commencer la journée. Sinon, je n'y serais pas arrivée... et à quarante-trois ans, il n'en était pas question.

Certains de mes anciens collègues ne le sauront jamais, mais ils m'ont permis de faire un grand bout de chemin vers la liberté et le rayonnement de mes talents, le rayonnement de ma « mission ». Je sais maintenant que j'ai ma place sur le marché du travail et je ne laisserai personne me faire croire le contraire. Personne, jamais !

Si je vous raconte tout ça, c'est que le milieu professionnel importe peu. Plusieurs vivent ces situations qui empêchent d'avancer. Ou devrais-je dire : plusieurs s'empêchent d'avancer parce que ces situations existent. Malheureusement, elles existeront toujours ! Il faut donc trouver des stratégies pour s'immuniser contre tout poison émotionnel. Plusieurs se sentent vaincues par des éléments extérieurs (attitudes, remarques, dynamiques), ce qui pousse à garder ses grandes ailes fermées pour ne pas voler aussi haut que son âme nous le commande. Plusieurs ont connu l'appel du haut, puis on les a tirées par le fond de culotte vers le bas. Les éléments extérieurs néfastes ont eu raison d'elles. Cela n'a rien à voir avec un manque de confiance ou d'estime de soi. Il s'agit plutôt de croyances enracinées comme :

- Je ne mérite pas d'être bien traitée ;

- C'est déjà beau ce que j'ai, faudrait pas trop en demander ;

- Dans tout grand défi, il y a de l'adversité.

Dans l'adversité, il y aura toujours des personnes malintention-nées aussi. L'important, c'est que cela n'a plus d'impact sur moi. Plus du tout. Aux personnes qui m'ont, sans le savoir, obligée à travailler ça à fond, je dis merci !

Quand j'ai fini mon contrat de trois ans à la barre de *C'est ça la vie*, le soir même du dernier enregistrement, j'ai acheté un diplôme doré avec un sceau et j'y ai inscrit :

« Marcia Pilote a réussi avec Haute Distinction la formation de R.P.P. (renversements des *patterns* professionnels). Nous certifions qu'elle peut maintenant pratiquer son métier et faire rayonner librement ses multiples talents à haut niveau et dans un contexte propulsant.

Signé : La Vie »

Ce diplôme est encadré et affiché dans mon bureau, et quand je le vois, je peux en mesurer la valeur.

Ça n'arrive qu'à moi

Certaines choses n'arrivent qu'à moi! En tout cas, lorsque je les raconte, c'est ce qu'on me dit. Si on avait vu de telles scènes dans un film, on aurait pensé que les scénaristes avaient vraiment beaucoup d'imagination!

Quelques exemples:

- **Avoir « les pitons collés »**

Pendant que j'écris, le P, le U, la touche Effacer et le Y restent enfoncés sur le clavier de mon ordinateur portable. J'y ai renversé du Ginger Ale, il y a quelques jours, et plus le temps passe, plus j'ai « les pitons collés » longtemps et souvent. Chaque fois que j'utilise ces touches, la lettre se répète dix fois et la touche Effacer supprime les neuf lettres en trop et mes trois phrases précédentes!!! Des heures de plaisir.

- **Voir du monde tout nu**

Je n'en fais même plus de cas, c'est presque devenu une habitude. Cela a commencé lorsque j'avais cinq ans environ. Si j'allais dormir chez une amie, je surprenais inévitablement un membre de sa famille tout nu. Aujourd'hui, chaque fois que je fais une promenade, je vois quelqu'un qui est nu dans sa maison... et ce n'est pas parce que j'écornifle! Si je dis à la personne qui m'accompagne: « Regarde, le gars est tout nu », il disparaît aussitôt comme par magie. Je passe

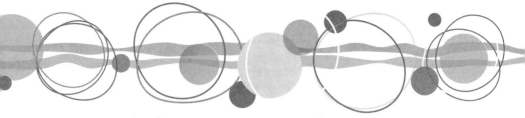

soit pour une obsédée qui voit constamment du monde tout nu, soit pour une menteuse. En camping, en ville dans un autre pays, peu importe, je vois au moins deux «tout nus» par mois. Je ne sais pas pourquoi, mais c'est comme ça. J'ai décidé d'en rire. Quand l'émission *Surprise sur prise* existait, je cherchais toujours les caméras cachées...

- **Un *preacher* dans ma cuisine**

Le mois dernier, j'étais toute seule à la maison pendant une journée entière. J'étais assise dans mon *lazy-boy*, en train d'écrire mes pages du matin et je venais précisément d'écrire la phrase suivante : « J'ai besoin d'avoir l'assurance du silence!» lorsqu'on a sonné à la porte. Croyant que c'était mon chum qui avait oublié ses clés, je suis allée répondre et suis tombée face à face avec son cousin, qui passait par là. Incapable de lui dire : «Euh, ce n'est pas du tout un bon moment...», je l'ai laissé entrer.

Il s'est assis dans la cuisine et a commencé à me parler de l'église dans laquelle il est très impliqué. Il m'a expliqué que son pasteur lui demandait à l'occasion de prononcer des discours sur des thèmes précis. J'ai alors eu droit à un de ses sermons – je devrais plutôt dire «slam», tellement il parlait vite – remplis de passages bibliques... Il était illuminé et j'étais certaine qu'il allait sortir un crucifix de sa poche ou m'offrir une hostie.

- **Une mariée en panne**

Madeleine a participé à un concours d'humour et elle a été choisie pour passer une audition. Méga-audition stressante, filmée, devant juges. Ce samedi après-midi, je suis allée la reconduire, vêtue de son costume de scène : une robe de mariée! Vous savez, le genre de robe traditionnelle avec la longue traîne, mais payée seulement 40 $ au Village des Valeurs? Elle devait arriver à l'audition vêtue de sa robe, faute de temps pour se changer. Il faisait froid, elle portait une tuque et des bottes d'hiver... et devinez qui est tombée en panne à deux rues de l'audition, à un feu rouge de l'avenue De Lorimier? J'ai

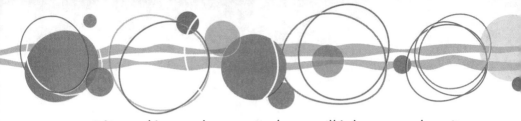

aussitôt appelé mon chum, qui m'a conseillé de pousser la voiture sur le côté de la rue, pour dégager la voie. J'ai fait signe à une bande de gars, au loin, de venir nous aider.

Madeleine s'est donc retrouvée au beau milieu de la rue, en robe de mariée, manteau d'hiver et tuque, en train d'aider les gars à pousser la voiture. J'étais au volant tout ce temps, prise d'un fou rire incontrôlable. Ma fille me criait d'arrêter de rire, que ce n'était pas drôle. J'ai remercié les colosses de leur aide. On a finalement sauté dans un taxi pour ne pas arriver en retard et ma fille m'a lancé : « Ça arrive juste à toi, ces affaires-là !!! »

- **Une planche de grange en plein visage**

Au chalet, il est sept heures et je viens de me lever. Je décide de retourner au lit pour lire. Au bout de quinze minutes, je m'endors sur le dos, les mains croisées sur mon livre. Environ une heure plus tard, je me réveille en sursaut, incapable de comprendre ce qui vient de se produire et hésitant entre ces possibilités :

a) Il y a eu un tremblement de terre et je suis sous les décombres ;

b) Des voleurs viennent de m'assommer pour dévaliser le chalet en paix ;

c) Je suis en plein cauchemar et je rêve que je viens de recevoir une planche de grange en plein visage.

Aucune de ces réponses : je viens de recevoir en plein visage une planche de grange de deux mètres de long et de cinq centimètres d'épaisseur, debout sur un petit meuble de chevet et que la simple vibration provoquée par des pas dans le couloir a fait tomber. On ne s'attend pas à se faire assommer quand on dort. Quel réveil abrupt ! J'ai été très chanceuse, car je n'ai eu qu'une bosse au front et Anick, la maquilleuse pour *C'est ça la vie*, a fait un travail remarquable de camouflage. Aujourd'hui, je me dis que ç'aurait pu être pire : s'il y avait eu un clou sur cette planche, je serais aveugle !

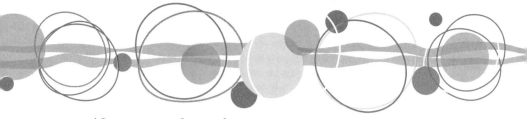

- ## Me tromper de produit

La dernière fois que ça m'est arrivé, j'ai utilisé le Dr. Scholl's pour les pieds à la corne extra coriace en guise d'exfoliant pour le visage. Je me demandais pourquoi c'était si douloureux, une exfoliation faciale. Je n'ai compris que le lendemain, quand j'ai vu ma peau anormalement rouge dans le miroir et que j'ai vérifié les instructions sur le tube!!! On devrait mettre la photo d'un gros pied poilu sur l'étiquette pour que les étourdies comme moi ne se trompent pas.

Dans le même esprit, avez-vous déjà utilisé par erreur le vaporisateur «fraîcheur de lessive» en guise de fixatif pour cheveux? Je me suis trompée de contenant dans la salle de bains de ma belle-mère. Comme je n'utilise jamais ce genre de rafraîchisseur d'air (qui ressemble à une bouteille de fixatif), je n'ai pas vu la différence! Pas du tout efficace côté mise en plis par contre, mais vous éliminerez toutes les mauvaises odeurs sur votre passage d'un simple coup de chevelure!

- ## Vol de bébé

Quand je raconte cette histoire, personne ne me croit et je dois appeler Mario, le père de Madeleine, pour qu'il la confirme.

12 août 1996. J'ai accouché de Madeleine le 9 août et je suis restée trois jours à l'hôpital. J'avais les cheveux sales, le visage cerné et je portais une magnifique jaquette d'hôpital. Aucun temps de répit pour me refaire une beauté. Pourquoi? Mon bébé pesait quatre kilos et demi, et buvait pendant quatre-vingt-dix minutes... toutes les deux heures! Vous comprendrez que quand j'avais trente minutes de libre, je ne me maquillais pas, je dormais. Juste avant de quitter l'hôpital, j'ai profité du fait que la petite dormait et je suis allée prendre une douche. Wow! Je me suis même fait un *brushing* et me suis maquillée. Cache-cernes, mascara, la totale. Je voulais être belle sur les premières photos de la sortie de bébé. Pendant ce temps,

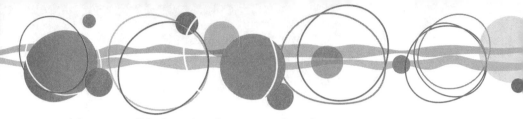

Mario est allé récupérer la voiture dans le stationnement pour nous cueillir à l'entrée.

Au moment où je m'avançais vers le comptoir pour dire au revoir au personnel, une infirmière m'a lancé :

— Qu'est-ce que vous faites, madame ?

— Bien... je m'en vais chez moi avec mon bébé ?!

— Vous devez attendre la mère.

— C'est parce que c'est MOI, la mère ! J'étais dans cette chambre-là...

— Ben non, c'était pas vous !

J'étais tellement différente, une fois « arrangée », qu'elle ne me reconnaissait plus ! J'avais coupé mon bracelet d'hôpital et j'ai dû aller le récupérer dans la poubelle de la salle de bains pour leur prouver que je disais la vérité, photo et carte d'identité à l'appui. Mario est enfin arrivé et il a confirmé que j'étais bel et bien la mère. Je dois admettre que quand je revois des photos de moi à l'hôpital, cernée jusqu'aux genoux, je ne me reconnais pas moi-même !

Plus j'y pense, plus je me dis que je ne pourrais pas me passer de ces moments surréalistes qui rendent ma vie si imprévisible. Ils ne sont pas nécessairement agréables à vivre sur le coup, mais ils me font tant rire quand j'y repense !

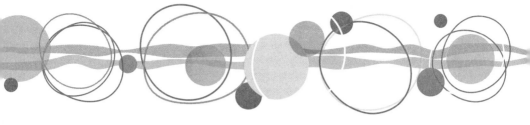

On se calme !

Certaines personnes ont vraiment une propension à souligner les fêtes importantes du calendrier de façon démesurée, surtout en ce qui concerne la décoration extérieure de leur maison. À l'intérieur aussi, peut-être, mais c'est moins visible pour tous. À Noël, il est normal de sortir les lumières, les guirlandes et de les accrocher dans le sapin devant la maison ou sur la corniche, mais depuis l'apparition des personnages gonflables, la vie est infernale. On dirait qu'il n'y a plus de limites ! Le père Noël, le traîneau, les rennes, les cadeaux, tout existe ! J'en ai même vu – ou plutôt entendu – un qui faisait de la musique ! Voisine de ce tintamarre, je crois que j'aurais coupé le cordon du père Noël ou que je serais allée passer le temps des fêtes au pôle Sud, le plus loin possible de cet objet de torture auditive.

J'envie presque les aveugles, parce qu'ils n'ont pas à subir ce spectacle de personnages tous plus grotesques les uns que les autres qui poussent sur les terrains. Bonshommes de neige à trois boules et cadeaux géants en trois dimensions qui clignotent dans le noir accompagnent désormais des guirlandes aux formes de plus en plus spéciales : glaçons, flocons, bonbons, dindons…

Si au moins il n'y avait que Noël ! Non, les fêtes et les décorations, il y en a presque à l'année, surtout lorsque certaines personnes enlèvent leurs guirlandes… au mois d'avril ! Normalement, après

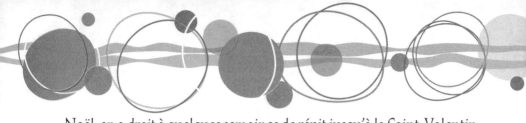

Noël, on a droit à quelques semaines de répit jusqu'à la Saint-Valentin où, pour mon plus grand bonheur, on ne retrouve pas (encore!) de structures gonflables en forme de cœur. Toutefois, si on passe plus de quarante-huit heures dans un lieu public, on peut faire une indigestion visuelle de cœurs, de roses et de cupidons en carton! Ensuite, il faut endurer Pâques. J'avais des voisins qui plantaient des canards et des poussins, sur leur terrain, tels des flamants roses. Ils avaient même fabriqué des œufs géants en styromousse! Sans parler de ceux qui célèbrent le Noël des campeurs en juillet...

L'été, point de vue décoration, plusieurs arrière-cours ne donnent pas leur place! On se croirait parfois dans une salle de démonstration chez Club Piscine: des lanternes partout, des décorations zen, des petites roches, des fontaines, des divans sous un voile vaporeux, des cabanons design (où j'habiterais sans problème pendant quelques jours, c'est presque aussi gros que mon chalet!), des torches lumineuses plantées dans le gazon pour former un sentier qui éclaire les cailloux japonais, etc.

Puis arrive l'automne, et qui dit automne dit HALLOWEEN. C'est la fête que je déteste le plus! Impossible de faire deux pas sans qu'une sorcière géante, un fantôme ou un squelette trois fois gros comme la maison te saute dessus parce qu'il vole au vent... Quant aux costumes des enfants? Il n'y a plus rien de magique... Ils sont tous pareils, achetés dans des grandes surfaces pour satisfaire les caprices des p'tits rois et reines qui veulent être comme tout le monde.

Où sont donc passées la créativité et l'originalité? Tout le monde embarque dans le train de la consommation à outrance et suit le troupeau, comme si on n'avait pas le choix. Pourtant, s'il y a bien une fête dans l'année où on peut laisser aller sa créativité sans être jugés, c'est bien à l'Halloween, non?

Je me sens vieille quand je commence mes phrases comme ça, mais dans mon temps, on se fabriquait des costumes avec les moyens du bord. Nos parents ne disposaient pas d'un budget de 50$ par

enfant pour nos déguisements! Il fallait user de créativité (et de plusieurs tubes de colle chaude!).

Pendant des années, je me suis déguisée en Fifi Brindacier, avec un cintre sur la tête, des vieilles bottes, une robe et un tablier. Ma sœur Jeanne, elle, avait tous les talents manuels du monde. Elle se fabriquait un costume avec des retailles de tissu et gagnait tous les concours à l'école. Une bouteille de bière, une douche ou même une scie sauteuse, son imagination était fertile. À l'école, les gars empruntaient les habits de leur mère et se mettaient du rouge à lèvres pour se déguiser en femme, tandis que certains chanceux avaient un costume cousu à la main par leur mère, mais personne n'achetait son costume au magasin.

Chez nous, et ce, depuis que mes enfants passent l'Halloween, il y a une loi: les enfants doivent fabriquer leur costume. Je les aide, bien sûr, même si je suis complètement nulle en bricolage… Une année, j'ai fabriqué à Madeleine une robe avec des gants à vaisselle et je lui ai mis une vadrouille sur la tête. L'année suivante, j'ai collé des bananes en plastique sur un vieux manteau en poil brun, pris au bazar, et j'ai appliqué sur son derrière un rond rouge en feutrine; le plus beau costume de guenon du monde! On a eu aussi les sœurs siamoises, avec Clara et Madeleine. Le plus agréable, dans tout ça, ce sont nos séances de *brainstorm* quelques semaines avant l'Halloween, du temps de qualité qu'on a passé à rire et à créer des costumes dont on parle encore aujourd'hui.

Il y a peut-être dans votre voisinage (ou sur votre terrain, qui sait!) un personnage gonflable. Eh bien, si vous constatez qu'il est dégonflé, un bon matin, ce n'est pas ma faute, la fléchette est « partie toute seule »!

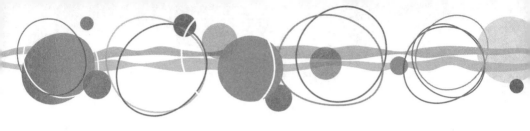

La roulette de «tape» de mon chum

La devise de bien des gens est : « Dans la vie, tout s'arrange. » Eh bien, la devise de mon chum est la suivante : « Dans la vie, tout se *tape*. » Pas avec du papier collant ordinaire, non, avec du gros *tape* gris ou rouge qui peut réparer tout ce que vous pouvez imaginer. Le banc de sa motoneige est craqué ? Il sort la roulette de *tape* et pouf ! Le banc, lustré de papier collant, devient (presque) une œuvre d'art qui défilera tout l'hiver sur le lac et dans les boisés. L'auvent dans la cour est usé ? Il va le *taper* en attendant, mais cette fois avec du gros *tape* rouge, si bien qu'on se retrouve sous un auvent vert devenu rouge avec des petits morceaux de *tape* qui flacottent au vent.

Jusque-là vous me direz que ce n'est pas tellement inusité de la part d'un gars... Sauf que mon chum *tape* le bas des pantalons d'hiver des enfants directement sur leurs bottes pour que la neige n'y entre pas, il *tape* la fenêtre électrique de notre vieille Toyota, la lunette du bol de toilette au chalet (j'ai déjà eu un bout de *tape* collé sur une fesse...), les cartes routières en papier, ses outils (il vient justement de *taper* sa *drille* !), l'assiette de service de mon service de vaisselle ancien, les genoux de son pantalon de travail, les sacs d'école des enfants, les livres défraîchis, les rosiers au printemps pour qu'ils se tiennent debout, ses rames de canot, la spatule de bois pour

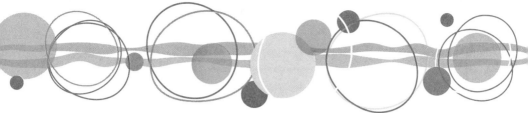

cuisiner, les boîtes de céréales... Je me dis qu'un matin je vais me réveiller *tapée*!!!

Il y a une belle leçon à tirer : grâce à une roulette de *tape*, les objets peuvent avoir une deuxième vie. C'est inouï ce que nous aurions eu à racheter, n'eût été de ces roulettes et de la passion de mon chum pour cette activité qui semble lui procurer beaucoup de plaisir. Je le soupçonne même de se promener avec sa roulette, le soir quand tout le monde est couché, à la recherche de l'objet à réparer.

On dit souvent que les femmes veulent que tout soit fait à leur façon, qu'elles gèrent et mènent dans la maison, surtout en ce qui concerne la décoration, mais je crois qu'il est important, dans les lieux communs de la maison, que chaque membre du couple puisse mettre sa touche personnelle. Et chez moi, cette touche personnelle est grise ou rouge, et collante. Ce n'est pas très joli, pourtant je suis vraiment heureuse de partager cet espace avec mon amoureux original.

Et nous sommes originaux à deux, aussi! Plusieurs fois par mois, nous partons à la découverte de «trésors au chemin», dont j'ai déjà parlé. Je suis fière de nos trouvailles et, surtout, de raconter leur histoire quand je fais visiter la maison. À part les matelas, le bain sur pieds et le piano, tout a été récupéré. La table de cuisine en teck, la chaise des années 1960, le *lazy-boy* jaune en cuirette des années 1970, les bibliothèques antiques, les lampes rétro et même les cadres font partie de notre magasinage à ciel ouvert. Ce que j'aime le plus, c'est quand il me bande les yeux (au moins ce n'est pas avec du *tape*) et qu'il m'entraîne dans la cour pour que j'admire sa dernière trouvaille. Ma plus grande surprise : un immense barbecue presque neuf, avec tous les accessoires et une bonbonne pleine. Il ne manquait que le tablier! Un des ustensiles à barbecue était brisé? Devinez avec quoi il l'a réparé!

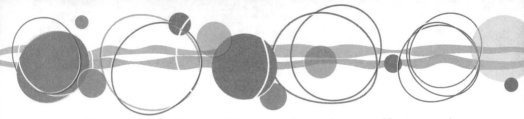

Moi aussi, j'utilise parfois sa roulette de *tape*. Un jour, alors que j'étais vraiment « écœurée » d'entendre ses deux plus jeunes fils hurler en jouant (mon chum trouve que c'est la plus belle mélodie), j'ai découpé des morceaux de *tape* et je leur en ai collé trois ou quatre épaisseurs sur la bouche. Ils ont telllement aimé ça que le jour suivant, ils m'en ont redemandé!

— Avec plaisir, les gars, avec grand plaisir!

Lorsque mon chum est arrivé dans la cour, dérouté de ne plus entendre les enfants, il a été très surpris de découvrir à quoi pouvait aussi servir son *tape*!

Il faut faire attention quand on vit sous le même toit... nos manies peuvent devenir contagieuses!

Être une bru

Ce que je peux détester ce mot : bru. Mais j'aime être une bru. Aimer ou ne pas aimer être une bru dépend en grande partie de nos beaux-parents et je dirais que c'est notre belle-mère qui fait toute la différence. J'ai eu plusieurs belles-mères mais Jano, la mère de Cœur Pur, remporte la palme d'or. On se ressemble beaucoup dans notre essence. Jano est une femme libre qui aime que les autres le soient. C'est une personne acceptante et, avec elle, il n'y a jamais de jugement. Jano est une originale qui a vécu une vie traditionnelle de mère au foyer en charge de six enfants, tout en se démarquant par sa façon de faire les choses. Jano est une femme vraiment pas comme les autres. Elle a perdu deux enfants qui n'avaient pas vingt ans, à quelques années d'intervalle. Elle a réussi à continuer sa vie malgré l'énorme douleur et même avec le sourire.

Je suis la seule bru de Jano, je l'ai donc comme belle-maman pour moi toute seule. Je lui dis souvent que j'aime comment elle nous « sacre la paix », à la blague bien entendu, mais cette femme est comme ça,. Très intéressée (je suis certaine qu'elle pense à nous plusieurs fois par jour) mais pas envahissante. Même quand elle vient passer une semaine à la maison, elle est discrète, toujours prête à rire, à sortir, elle récure les chaudrons, plie les serviettes, range le contenu des tiroirs laissés à l'abandon (vous savez, quand on ouvre un tiroir commun – dans la cuisine par exemple – et qu'on

le referme aussitôt parce qu'il y a tellement d'objets pêle-mêle que la simple idée d'y mettre de l'ordre nous donne envie d'aller faire une sieste?), etc. Jano est marginale, aussi, et elle n'a pas peur de ce que les autres vont penser. Tout le monde l'aime; ses neveux et nièces, ses petits-enfants, ses amies de longue date...

Lorsque les cousines de mon chum m'ont parlé d'elle, la première fois, elles m'ont dit qu'elle avait été un modèle de femme libre pour elles. Parmi tout ce qui m'a été raconté à propos de Jano, je retiens surtout son histoire d'amour avec Jean-Paul, son mari, père de ses enfants. Je n'ai malheureusement pas eu la chance de le connaître, car il venait tout juste de décéder au moment où je suis entrée dans la vie de mon amoureux. À ce qu'on m'a dit, Jano et Jean-Paul formaient un solide couple d'amoureux. Et si je me fie à ce que mon chum met aujourd'hui en pratique avec moi, je peux confirmer que ses professeurs étaient de haut niveau. D'ailleurs, je lui dis souvent:

— Tu sais vraiment aimer, toi...

Et il me répond:

— Je sais vraiment t'aimer... toi!

Oui, il a ce don de me faire sentir aimée pour ce que je suis. Il m'a fallu du temps pour accepter ce si grand amour! Encore à ce jour, chaque fois que j'écoute la chanson *L'essentiel* de Ginette Reno, je pleure: «L'essentiel, c'est d'être aimée...» et c'est tellement ça. Être aimée. Être l'être aimé. Tout un défi. Je ne crois pas me tromper en affirmant qu'il est beaucoup plus facile d'aimer que d'être aimée! Je connais plusieurs femmes aimantes, généreuses, dévouées, aimables qui savent aimer, mais qui ne le sont pas en retour. Je ne dis pas qu'elles sont méprisées ou violentées, mais je sais qu'elles ne sont pas *véritablement* aimées.

J'ai une théorie là-dessus. C'est peut-être de la psychologie à cinq cennes, mais cette théorie est le fruit de plusieurs années d'observation. Les femmes qui se sentent véritablement aimées sont

souvent celles qui s'aiment véritablement, et malheureusement, peu de femmes s'aiment véritablement. Vous ne trouvez pas qu'on est sévères envers nous-mêmes? On fait une petite gaffe au travail et on n'en finit plus de s'excuser, on perd patience (souvent légitimement!) envers nos enfants et on se sent coupables pendant trois jours, on fait brûler le repas du samedi soir alors qu'on reçoit deux couples à souper et on s'autoflagelle devant tout le monde... Je ne parle pas de se vanter à outrance et de ne jamais reconnaître ses erreurs, mais de là à se mépriser dix fois par jour, il y a des limites.

Qu'est-ce que ç'a à voir avec le sentiment amoureux? Tout. Si on se juge sévèrement plusieurs fois par semaine, si on n'arrive pas à reconnaître sa valeur dans toutes les situations de la vie quotidienne, on ne sera jamais capable d'ouvrir la porte aux compliments, au regard de notre partenaire et à son admiration. Pire encore (ce fut mon cas jusqu'à ce que je rencontre Cœur Pur), nous allons être attirées par des partenaires non seulement incapables de nous aimer véritablement, mais on va leur donner raison quand ils nous reprocheront de ne pas être assez ceci ou trop cela. En sept ans avec mon amoureux, pas une seule fois je n'ai senti la déception, le mépris ou, pire, l'indifférence dans son regard. Je n'aimerais pas non plus sortir avec un dépendant affectif, qui me regarde avec des yeux de merlan frit et qui est pâmé devant moi jour et nuit; ce serait une cause de séparation!

Je dis souvent à Cœur Pur:

— C'est miraculeux qu'on ne se soit jamais tapé sur les nerfs!

Surtout que dans mon cas, ça tient vraiment du miracle...

Parfois, je pense aux ex de Cœur Pur et j'ai envie de leur dire merci. Merci d'être parties, merci de ne pas avoir su voir et honorer cet homme formidable, merci de l'avoir quitté, merci d'avoir trouvé qu'il était trop marginal, trop coloré ou trop traditionnel, peut-être, dans son désir de former un couple solide avec des valeurs

d'autrefois. Merci d'avoir eu peur de ce si grand amour dont il est capable. Merci, car grâce à vous, je peux le vivre, ce grand amour, celui que j'ai attendu toute ma vie et qui, plus les années avancent, grandit.

J'ai envie aussi de dire merci à Jano et à Jean-Paul d'avoir offert à mon chum ce modèle (peu fréquent à l'époque, il faut le dire) d'un couple amoureux, recherchant l'intimité, le temps passé ensemble, seuls, sans enfants. Merci de l'avoir exposé à ce regard rempli d'amour et de désir pour l'autre, merci d'avoir été capable d'aimer grand et, surtout, d'être aimé grandement.

Sans que vous le sachiez, il y avait un petit garçon roux qui vous observait. Un beau p'tit gars roux aux yeux bleus qui allait un jour devenir un homme. Mon homme.

Jano et moi.

Prendre le temps

Depuis que je suis adolescente, je pratique un rituel religieusement tous les matins. Ce petit moment (dix minutes) me permet de commencer ma journée en ayant conscience de la vie qui passe et de la chance que j'ai de pouvoir marcher, respirer, aimer et rire encore. Tous les matins, j'ouvre le journal et je lis la rubrique nécrologique. Chaque fois, je ressens la même émotion, la même vibration intérieure, quand je regarde la photo de ces personnes de tous âges, enfants, adolescents, adultes, vieillards, que je ne connais pas mais de qui je me sens si près malgré tout. Je lis le texte qui accompagne chaque photo. Ces personnes laissent derrière elles des gens qu'elles ont aimés, des enfants, un amoureux, une amoureuse, des parents, des frères, des collègues et des amis. Ces gens ont eu une vie, des joies, des peines, des épreuves, de l'espoir, des désirs, des défis, tout comme moi, tout comme vous.

J'ai peu d'amies qui partagent ce rituel. À vrai dire, mes amies me trouvent très spéciale (pour ne pas dire morbide) de commencer ma journée ainsi. Tout le monde devrait l'essayer, car c'est le meilleur remède pour apprécier la vie, pour faire en sorte qu'on ne la tienne pas pour acquise. Le meilleur remède, aussi, pour se sentir liée à toutes ces personnes qui ont perdu un être cher, un enfant, un ami, un amoureux, une amoureuse, une sœur, un frère, un père, une

mère, un collègue. Le meilleur remède, enfin, pour apprécier le fait que les gens qu'on aime sont encore là.

Quand je lis la rubrique nécrologique, je me dis : « Ce jeune homme de seize ans, mort dans un accident, avait des parents. » Je pense à leur douleur, qui doit être terrible, et je leur envoie de bonnes pensées. Et cette belle dame de quatre-vingt-dix-sept ans, qui laisse dans le deuil neuf enfants, dix-huit petits-enfants et trois arrière-petits-enfants, à qui j'envoie aussi de bonnes pensées. Je pense à cette femme qui vient de perdre son conjoint des trente dernières années, à l'âge de cinquante ans. Cette femme pour qui la vie vient de basculer... J'éprouve de la compassion pour ces personnes, même si je ne les connais pas.

Lire la nécrologie incite à profiter de la vie au maximum. On ne sait pas combien de temps il nous reste à vivre et, même si c'est cliché de dire qu'il faut apprécier pleinement chaque minute, c'est tellement important. Et par « profiter », j'entends : ne pas me gâcher la vie avec des préoccupations inutiles. Quand on dit que les épreuves qu'on traverse nous permettent de relativiser. Eh bien, lire la chronique nécrologique tous les matins a le même effet sur moi. Lorsque j'ai une dispute avec mes filles, je conclus toujours la discussion en disant :

— Je ne te laisse pas partir pour l'école sans qu'on se soit parlé et dit « je t'aime ». Tout d'un coup que c'est ma dernière ou ta dernière journée sur Terre ?

Mes filles détestent cette phrase et elles me trouvent fataliste. Les probabilités que ça arrive sont minces, mais elles sont réelles. De toutes les femmes qui se trouvent dans la rubrique nécrologique aujourd'hui, plus de la moitié sont mortes subitement, sans avoir eu le temps :

- de dire « je t'aime » à leurs parents ;
- de se réconcilier avec un proche ;

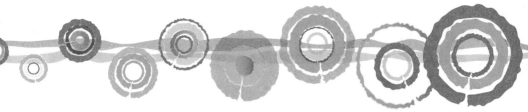

- de consacrer du temps à leur véritable passion;

- de prendre du temps pour elles;

- de cuisiner les recettes qu'elles avaient découpées en se disant «un jour, je vais l'essayer»;

- d'admirer toutes les splendeurs de la nature;

- de faire toutes les promenades prévues;

- de lire les dizaines de livres qui se trouvaient sur leur liste;

- de partir en voyage, seule avec chacun de leurs enfants;

- de connaître le véritable amour;

- de dire «merci» à leurs parents pour les avoir mises au monde;

- de dire «merci» aux gens qui les ont aidées;

- d'exprimer leurs talents parce qu'elles gardaient ces passe-temps pour leur retraite;

- d'apprendre à jouer d'un instrument de musique;

- de chanter à tue-tête toutes leurs chansons préférées;

- de voir les films qu'elles ont toujours voulu voir;

- de faire le bénévolat qu'elles se promettaient de faire, un jour, quand elles auraient le temps;

- de porter cette jolie robe sexy, au décolleté plongeant, qu'elles gardaient pour «plus tard, quand j'aurai réussi à perdre du poids»;

- de jouer comme elles l'auraient voulu avec leurs enfants ou leurs petits-enfants;

- d'aller danser souvent;

- de jouer au golf sur le terrain de leur rêve;

- de visiter ce pays qui les attirait tant;

- de suivre les cours qu'elles rêvaient de suivre;

- d'écrire leurs mémoires.

« Si au moins je savais à quel âge je vais mourir, je pourrais faire toutes ces choses avant. » C'est là où ce raisonnement nous joue des tours. On se croit éternelle, on fait des plans pour plus tard, alors qu'on devrait toujours vivre comme si on allait mourir dans six mois. En tout cas, c'est ce que je fais, et sans cette philosophie de vie, je ne crois pas que j'aurais la vie de mes rêves aujourd'hui. Je serais probablement restée dans différentes situations professionnelles ou relationnelles malsaines, me disant que le temps arrangerait les choses.

Le temps n'arrange rien sans notre autorisation. Le temps passe rapidement et un jour, sans crier gare, en tournant les pages du journal, les gens qui lisent la rubrique nécrologique voient notre photo et se recueillent un moment... en se trouvant chanceux de ne pas y voir la leur !

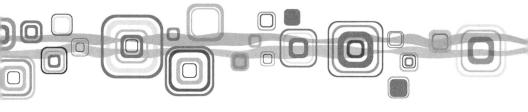

Ce que je sais du pardon

S'il n'existait plus de situations où on vous traite injustement, où vous vous sentez trahie, blessée dans votre amour-propre, si les gens ne faisaient jamais d'erreurs, si tout le monde était beau et gentil, si l'entente parfaite existait avec vos collègues, les membres de votre famille ou votre conjoint, la vie serait belle, n'est-ce pas? Nous flotterions toutes sur un petit nuage rose? Jamais de rancœur, de ressentiment, de désir de vengeance envers qui que ce soit, parce qu'aucune situation n'activerait ces sentiments en nous.

C'est utopique, car nous vivons régulièrement des situations où nous sommes traitées injustement, où des gens font des erreurs qui nous portent préjudice, où quelqu'un nous prend en grippe et pose des gestes qui nous atteignent dans notre intégrité physique, morale et même spirituelle. Il existe un remède puissant qui peut nous amener à vivre dans cette réalité, à ne pas laisser la trahison et l'injustice (qui existeront toujours, on n'y peut rien) nous affecter gravement : le pardon. Pardonner à tous ceux qui nous ont offensées. Pardonner à nos parents, à nos frères et sœurs, à nos professeurs, à nos oncles, à nos tantes, à nos amies, à nos enfants, à nos collègues, aux représentants d'une institution (le gouvernement, un hôpital, une école), pardonner à la Vie et à soi-même. Tout un programme, je peux vous le confirmer!

Après le lâcher-prise, le pardon est le thème sur lequel j'ai le plus lu. Je l'ai aussi mis en pratique, car n'avoir que des connaissances sur le pardon, sans vraiment en vivre l'expérience, ça ne vaut pas la peine d'en parler.

Le véritable pardon est une expérience très difficile à expliquer. C'est un processus qui exige beaucoup de détermination et qui apporte un sentiment de liberté indescriptible. Sans la maîtrise du processus de pardon, je n'aurais pas cette vie extraordinairement libre et je ne pourrais pas être celle que je suis. Vous vous demandez sûrement : « Mais qu'est-ce que Marcia a bien pu vivre de si terrible pour avoir besoin d'apprendre à pardonner ? » Rien. Je n'ai rien vécu d'horrible. J'ai eu des parents aimants, des professeurs attentionnés, des sœurs géniales, je n'ai jamais été agressée, trompée par un homme, etc.

Alors pourquoi m'intéresser autant au pardon ? Parce que même si je n'ai pas vécu de traumatisme, j'ai comme tout le monde vécu des situations qui ont laissé des traces, parfois sans que je m'en rende compte. Par exemple : la trahison d'une amie, le mépris d'une collègue qui a menti à mon sujet et m'a causé du tort, la perte d'un contrat, de fausses accusations... J'ai souvent été déçue par la race humaine, je me suis parfois sentie prisonnière dans certaines situations et tout ça m'éloignait de la personne libre que j'ai toujours rêvé d'être. Le pardon m'a offert la clé la plus appropriée vers cette liberté d'esprit, vers ma liberté d'être et ma paix intérieure. Tous les jours, depuis plus de vingt-cinq ans, je mets donc en pratique mes techniques de pardon, car tous les jours, je vis des déceptions plus ou moins grandes.

Mais qu'est-ce que le pardon, au juste ?

C'est d'arriver à se défaire de toute charge émotive en lien avec la situation vécue ou avec la personne qui nous a fait du tort, car cette charge émotive nous garde prisonnière d'un état troublant. Cela ne veut pas dire « tendre l'autre joue » et accepter que les comportements inadéquats des autres se répètent. Au contraire.

Pardonner est un acte de grande lucidité. On *sait* que la personne n'a pas agi correctement (volontairement ou non), mais on ne va pas jusqu'à l'excuser ou tenter de la comprendre. On doit plutôt freiner immédiatement toute volonté de vengeance et tout ressentiment. Deepack Chopra a écrit : « Entretenir du ressentiment envers les autres (ne pas consentir à pardonner), c'est comme si vous vouliez empoisonner quelqu'un mais que vous buviez vous-même le poison ! » Chaque fois que j'en veux à une personne, chaque fois que j'hésite à lui accorder mon pardon, je me répète cette phrase.

Pardonner, c'est tout simplement accepter qu'une situation du passé ne nous cause plus de tourments.

« À quoi ça sert de fouiller dans notre passé, à part brasser des vieilles affaires ? »

Tant qu'on n'a pas pardonné, les choses du passé sont toujours présentes dans notre inconscient. Un événement a pu se produire alors que vous aviez quatorze ans et cette même blessure rejaillira dans votre présent chaque fois que vous vivrez une situation semblable.

Comment savoir si on doit pardonner ?

Premièrement, il ne *faut* pas pardonner, ce n'est absolument pas une obligation. J'aime bien le verbe « consentir ». Quelques indices qui démontrent qu'il y aurait lieu de consentir à pardonner :

- quand vous êtes incapable d'arrêter de penser à quelqu'un ou à une situation, que vous « remâchez » ou « ruminez » le passé. Et par « passé » j'inclus ce qui s'est passé il y a quelques heures ou… quelques années. Par exemple : « Pour qui elle se prend, elle, de me dire ça devant tout le monde ! J'aurais dû lui répondre ceci ou cela… » ;

- quand vous rêvez d'une situation ou d'une personne, la nuit, et qu'au réveil vous êtes troublée ;

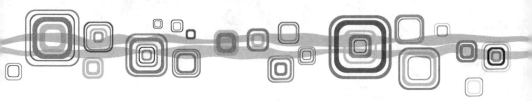

- quand vous entendez le nom d'une personne ou d'une institution et que le poil vous dresse sur les bras;

- quand vous pleurez chaque fois que vous racontez un épisode bouleversant de votre vie;

- quand vous ne voulez pas entendre parler de quelqu'un ou de quelque chose et que vous quittez les lieux en guise d'évitement;

- quand vous rencontrez une personne dans la rue, par hasard, et que vous changez de trottoir.

Dans ce dernier cas, réussir à pardonner ne signifie pas sauter au cou de la personne, ni même la saluer, mais vous n'aurez pas envie de changer de trottoir. Vous serez capable d'être dans le même environnement que l'autre sans que votre cœur palpite. Je vous jure que c'est possible. Ça m'est arrivé de me retrouver dans la même pièce que des gens que je n'ai pas en haute estime, mais je n'ai pas eu envie de changer de lieu. Ces gens n'ont plus de pouvoir sur moi. Je ne les regarde pas, je ne les salue même pas et je n'ai aucun désir de me venger ou de leur faire payer quoi que ce soit...

Autrement dit, vous saurez que vous avez pardonné quand la situation, les propos, la personne ne viendront plus « vous chercher ».

Le pardon est toujours associé aux traitements injustes. Alors chaque fois que vous vous êtes sentie traitée injustement, il y a lieu de pardonner. Et c'est là qu'il faut comprendre le vrai sens du pardon. Pardonner ne veut pas dire être d'accord avec ce qui s'est passé. Au contraire. Pardonner, c'est reconnaître qu'il y a eu injustice, blessure ou mauvais traitements, et c'est *choisir* que cette injustice, cette blessure ou ce mauvais traitement ne fasse plus de ravages. Ne pas pardonner à quelqu'un, c'est lui faire un honneur ou lui accorder une importance qu'il ou elle ne mérite pas.

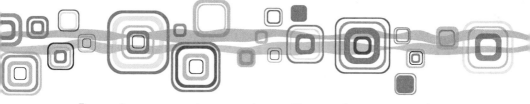

Le pardon entre en jeu quand on utilise son énergie pour changer le cours des choses, pour ne plus être la victime. Le pardon, c'est l'art de défaire les liens qui nous attachent à une situation, à une expérience ou à une personne qui nous a blessée. On ne pardonne pas pour l'autre, mais bien pour soi, pour être libre. Dans l'acte de pardonner, il y a beaucoup d'amour et de compassion envers soi. C'est savoir éteindre un feu, tout en gardant assez de flamme pour recevoir la chaleur dont on a besoin.

Lorsque je parle du pardon, soit avec mes amies ou lors d'une conférence, les gens qui m'écoutent ont tous le même regard : à la fois intéressé et sceptique. Les gens pensent immédiatement aux vieux discours religieux qu'ils se sont fait servir : « Il faut pardonner pour être une bonne personne », « si quelqu'un te frappe sur la joue gauche, tends la joue droite », « si tu as bon cœur, il ne faut pas que tu en veuilles à l'autre », etc.

On ne nous a pas appris ce que sont véritablement le pardon et ses nombreuses vertus. On ne pardonne pas parce que « ça fait bien », mais parce que « ça fait du bien » et les vertus sont nombreuses : sentiment d'affirmation, de libération, d'unicité et de force.

Enfants, quand on se chicanait, mes sœurs et moi, ma mère accourait, affolée par nos cris, et elle lançait d'un ton ferme :

— Embrassez-vous, embrassez-vous !

C'était un ordre, il fallait tout de suite se démontrer des gestes d'affection. On obéissait, on s'embrassait, mais c'était pour faire plaisir à ma mère, rien à voir avec un acte de bonne foi ! Ni avec le vrai pardon.

Il y a fort à parier que si on se retrouve quelques amies autour d'une table et qu'on commence à parler du pardon, la conversation tournera autour de la fidélité.

— Pardonnerais-tu à Sylvain s'il te trompait ?

Le pardon n'est pas seulement lié à un acte que l'on sait d'emblée difficile à accepter, comme l'infidélité. Le pardon est un sujet tellement plus vaste, qui comporte ses nuances et ses subtilités, et qui mérite qu'on y réfléchisse au moins... quelques années! Une chose est certaine, on n'a qu'à prononcer le mot « pardon » ou le verbe « pardonner » pour qu'il éveille en nous un malaise, une réflexion.

Quand on choisit de pardonner, souvent, la personne à qui on pardonne n'en sait rien. C'est un pacte que l'on fait avec soi, en soi, pour soi, et ça commence au moment où on se choisit, où on décide d'être qui l'on est et de ne plus vouloir se venger en échafaudant des plans. Le pardon véritable constitue tout un apprentissage et il faut parfois des années avant d'obtenir son diplôme. Avec ce que j'ai appris du pardon, j'ai choisi d'en faire un mode de vie. Plusieurs fois par semaine, avant de me coucher, je fais la liste des personnes ou des situations auxquelles j'accorde mon pardon. C'est une façon de faire un *post-mortem* :

– OK, j'ai trouvé ça vraiment « ordinaire » ce que telle personne a dit, mais je ne lui en veux pas, je tourne la page.

Je tente (et je réussis presque à 100 % chaque jour) de me coucher et de ne RIEN avoir sur le cœur, d'aucune façon. Je le fais pour moi, pour être libre, pour me sentir le cœur léger. Ne vous méprenez pas : j'applique le pardon, mais ça ne veut pas dire que je ne suis jamais en colère, que je ne critique jamais les agissements inadéquats des autres, que je ne remarque pas l'absurdité d'une situation, que je ne pleure pas de rage dans ma voiture, que je ne donne pas un bon coup de poing dans le mur une fois de temps en temps, que je ne reconnais pas que quelqu'un a un grave problème de narcissisme ou de méchanceté. Dans une perspective de pardon, je ne laisse pas ces émotions négatives entrer dans ma maison.

Je connais des femmes que leur mari a quittées, il y a plusieurs années, et qui en parlent encore avec de la haine dans les yeux. Leur visage est durci par la tristesse et le ressentiment. Elles diront :

«Je pardonne, mais je n'oublie pas.» Ce n'est pas véritablement du pardon. Trente ans plus tard, elles sont restées accrochées à cette situation, elles en veulent encore à leur ex et elles se sont coupées de l'amour. Toutes ces belles années contaminées par la haine! Sans compter l'impact que cette énergie négative peut avoir sur les proches.

Il y a deux ans, j'ai dit à Mario, le père de Madeleine: «Si j'ai un accident, demain, et que je me retrouve sur mon lit de mort, j'aurai encore quelque chose sur le cœur, par rapport à toi. J'aimerais qu'on en parle.»

Nous sommes donc allés manger ensemble pour régler une question financière restée en suspens depuis notre séparation, six ans plus tôt, et qui m'avait occasionné des frustrations. Je m'étais sentie traitée injustement, je lui en ai parlé et nous avons conclu une entente. Si j'ai pu le faire, c'est parce que j'avais devant moi une personne ouverte. J'ai pris un risque, mais cela en valait la peine. Depuis, je me sens totalement libre de ne plus ruminer cet épisode. Ce qui me permet d'avancer dans la vie. Comme je déteste les boulets, j'étais prête à faire ce geste. Je l'ai fait pour moi, mais aussi pour Mario et pour notre fille. Je veux qu'elle ait l'exemple de parents qui s'estiment et qui règlent leurs différends.

Vous connaissez sûrement des parents séparés qui laissent la haine et le ressentiment au cœur de leur relation. Qui en souffre le plus? Les enfants.

Je ne vous expliquerai pas comment on pardonne, car le chemin est différent pour chacun. Il n'y a pas de recette, mais il existe plusieurs ouvrages sur le sujet, dont ceux de Jean Monbourquette, qui en a écrit au moins quatre. Marianne Williamson, Jacques Salomé, Sakti Gawain, sœur Emmanuelle, Christian DuCoq et plusieurs autres se sont également penchés sur le sujet.

Les étapes sont à peu près les mêmes que pour un deuil... On passe par toutes sortes d'émotions, mais à la base, il faut une grande ouverture du cœur et un désir de liberté de l'esprit. Il faut vouloir se libérer du fardeau des erreurs des autres (humiliations, violences, indifférence, négligence), surtout celles qu'ont commises les adultes pendant notre enfance (nos parents, nos professeurs, nos tantes, nos oncles, les parents de nos amis).

Mon processus de pardon a commencé durant un cours de croissance personnelle. Je devais faire la liste des offenses que j'avais subies jeune et à l'adolescence. Cet exercice était inspiré des douze étapes des Alcooliques Anonymes. Il fallait écrire qui m'avait blessée, comment et en quoi cela m'avait blessée. La semaine suivante, je devais faire la liste des offenses que j'avais faites aux autres et leur écrire une lettre pour leur demander pardon, lettre qu'on ne leur remettait pas. C'était il y a vingt-cinq ans...

Si vous avez envie de commencer ou de poursuivre cette belle aventure qu'est le pardon, vous aurez à **penser** beaucoup et aussi à **panser** vos blessures. Après avoir pris conscience de l'immense liberté que cela apporte, vous comprendrez que vous vous êtes aussi pardonnée, car le pardon à l'autre doit nécessairement passer par le pardon à soi. Se pardonner toutes nos erreurs et se pardonner d'avoir enduré trop longtemps des situations inacceptables pour enfin pouvoir commencer à être qui on est, en toute liberté!

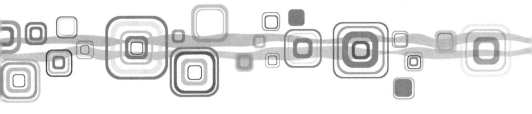

Rien faire

Êtes-vous capable de ne rien faire? Quand je dis «rien faire», c'est rien du tout. Pas de commissions, pas d'enfants à aller reconduire, pas de visite à recevoir, pas de livres à retourner à la bibliothèque, et je ne parle pas de la fois où vous avez dû garder le lit parce que vous faisiez de la fièvre... Rien faire en pensant à ce qu'on va faire dans deux heures, c'est pas vraiment ça non plus. Rien faire, c'est vivre le moment présent, celui qui se présente simplement, pendant au moins vingt-quatre heures. Ne rien avoir au programme, vivre sa journée en étant disponible à tout ce qui peut arriver.

Quand cela vous est-il arrivé d'avoir vingt-quatre heures devant vous?

Je pourrais donner des cours de RIEN FAIRE 101. Pas que je sois paresseuse, au contraire. Je suis une femme efficace et je sais ceci: planifier des journées à ne rien faire permet ensuite de faire ce qu'on a à faire en trois fois moins de temps. Voici donc quelques trucs pour celles que le concept attire, si vous envisagez de ne rien faire pendant vingt-quatre heures:

- Ne le dites à personne! Sachez que tous les membres de votre entourage sont bien contents que vous vous activiez autant pour leur bien. Si vous leur annoncez que vous passerez vingt-quatre heures à ne rien faire, soyez assurée

qu'ils trouveront le moyen de remplir votre agenda et que vous serez incapable de dire non...;

- Laissez tomber la culpabilité. Pendant ce vingt-quatre heures, préparez-vous à recevoir la visite de la culpabilité, car il est évident qu'aucune tâche courante ne se fera : pas de p'tite brassée, pas de commissions, pas de retour d'appel, pas de frottage de comptoir... même votre hygiène personnelle en prendra un coup. Quand je dis «rien faire», c'est rien pantoute, pas même une petite exfoliation ou un *brushing*;

- Assurez-vous de n'avoir accès à AUCUN téléphone, aucun ordinateur, aucun texto, aucun journal ou télévision. Vous serez coupée de la civilisation pendant vingt-quatre heures, mais branchée... sur vous!

- Si vous ne pouvez pas être seule, assurez-vous d'être en compagnie de quelqu'un qui sait ne rien faire.

À ce titre, je peux dire que mon chum m'a tout appris. Je savais comment ne rien faire, j'en avais le désir, mais je ne m'en donnais pas la permission. Il faut dire que j'ai eu une mère qui n'aimait pas qu'on se tourne les pouces. Quand j'étais enfant ou ado et que j'allais dormir chez une amie, il fallait que je revienne faire du ménage chez moi avant 9 h le matin. Ma mère ne voulait pas avoir des filles paresseuses! Alors disons qu'il m'a fallu apprendre à ne rien faire...

Au chalet que mon chum a racheté de sa mère, on a choisi de ne pas avoir de téléphone, de télévision, ni de connexion Internet. Et le cellulaire ne fonctionne pas. Alors quand on s'isole dans le bois, c'est pour lire, dormir, écrire, s'aimer, jaser... faire plein de choses mais rien d'obligé, rien de planifié. On peut rester assis deux heures sur la galerie à respirer le bon air frais, puis mon chum va faire une petite sieste, je prépare une bonne soupe, il se lève, on joue notre dixième partie de backgammon, on s'arrête en pleine partie pour jaser, on se fait du popcorn comme dessert... bref, la belle vie. Je vis à mon

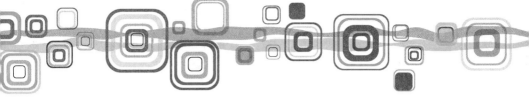

rythme, je n'ai pas besoin de me sentir à tout prix en contact avec les autres, par téléphone ou par courriel.

Au début, je l'avoue, je me sentais loin de mes parents, de mes enfants, puis peu à peu, j'ai appris à entrer dans ce silence, dans ce mode de vie et, maintenant, je le souhaite à tout le monde. Je dis souvent à Cœur Pur que je serais incapable de ne rien faire avec quelqu'un d'autre que lui. Avec lui, c'est si simple et si facile. On ne se tape JAMAIS sur les nerfs. Parfois, je me lève à 10 h et il est parti à la ferme de son ami pour la journée. J'ai du temps pour moi, j'en profite, et quand il arrive, je suis heureuse de le voir. Nos moments au chalet sans les enfants sont de véritables cures pour notre santé mentale, physique et spirituelle. Rien faire, peut-être, mais ÊTRE beaucoup. Ne rien faire parce qu'on est trop occupés à ÊTRE et que ça prend tout notre temps.

Un petit conseil, si vous avez des enfants : apprenez-leur dès leur plus jeune âge l'art de s'ennuyer. Une samedi matin, à la question « qu'est-ce qu'on fait aujourd'hui ? », répondez « Rien ! »

Ça me donne envie d'ouvrir une école où l'on réapprendrait à ne rien faire sans paniquer, comme quand on était ados. Je vous inscris sur la liste d'attente ?

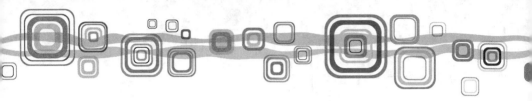

Syndromes

Vous commencez à me connaître et vous savez que j'aime décrire les *patterns*, les épreuves, les défis de la vie de façon humoristique. D'en parler m'aide à passer au travers et permet de rigoler un peu à propos de sujets qui nous donnent du fil à retordre. Lorsqu'il s'agit d'une situation récurrente, j'emploie le mot syndrome devant un autre mot de mon cru.

Dans *La vie comme je l'aime – Chroniques d'été*, je vous ai déjà parlé du syndrome de la perle. C'est lorsque la perle que vous êtes n'est appréciée à sa juste valeur que trop tard. Par exemple, lorsque votre ex vous dit, après avoir mis un terme à la relation, que vous étiez une perle dont il n'a pas su prendre soin.

Voici d'autres syndromes de mon cru...

LE SYNDROME DE LA DETTE

C'est avoir l'impression de toujours devoir quelque chose à quelqu'un. Vous êtes copropriétaire d'un condo et vous vous sentez mal de vous faire couler un bain à 20 h le soir, de peur de déranger votre voisine? Vous pensez que son bien-être est plus important que le vôtre et que vous lui devez le silence absolu? Le plus difficile, quand on souffre de ce syndrome, ce sont les gens qui, justement, nous font sentir qu'on leur doit quelque chose. Ladite voisine vient frapper à la

porte pour vous demander de cesser tout bruit, en plein après-midi, parce qu'elle fait un massage à son ami? Ça m'est déjà arrivé et j'ai répondu que j'allais faire attention, mais que comme je ne savais pas encore voler en marchant, elle risquait d'entendre des bruits de pas!

LE SYNDROME DE PIERROT

À l'âge de treize ans, je gardais les enfants d'une femme qui s'appelait Pierrette. Un jour, elle m'appelle pour me dire que je ne peux plus aller garder chez elle, sans m'expliquer pourquoi...

Au lieu de lui dire que je ne comprenais pas sa décision ou de lui demander les raisons qui l'avaient motivée, j'ai répondu «oui, oui, je sais pourquoi...» et j'ai raccroché. J'ai tellement eu de peine. Sans en être sûre, j'ai toujours pensé que l'autre gardienne plus âgée avait volé de l'argent et qu'on m'en blâmait. Le syndrome de Pierrot, c'est donc être accusée de quelque chose dont on n'est pas coupable, de ne pas savoir de quoi on est accusée exactement, d'être incapable de se défendre et, en plus, de prendre le blâme!

LE SYNDROME DE L'ÉPÉE DE DAMOCLÈS

C'est avoir l'impression qu'un drame va survenir. Penser sans arrêt qu'on va se faire dire «Faut que je te parle...», «Le rapport que tu m'as remis, franchement, c'est de la m...» ou encore «Sais-tu, mon amour, j'pense qu'on devrait faire une pause...».

Je pourrais aussi appeler ce syndrome, le syndrome du garagiste: tu crois qu'il y a toujours un petit quelque chose à réparer sur toi, que tu fais un «bruit fatigant», bref, que tu es défectueuse...

LE SYNDROME DE GINETTE

Syndrome que Brigitte et moi avons longtemps traîné... Dans une émission sur le couple que nous écoutions ensemble au téléphone (oui, oui, vous avez bien lu. Nous écoutions la même émission,

chacune chez soi, en parlant au téléphone! Je sais que nous ne sommes pas les seules à l'avoir fait...), nous avons vu une femme prénommée Ginette. Pas très jolie, d'une beauté disons «ordinaire». Mais si vous aviez entendu son pétard de mari parler d'elle! Il a dit textuellement:

— Ginette, tu ne la laisses pas toute seule sur une plage...

Sous-entendant par là: «Elle est tellement belle, je vais me la faire voler!»

Ma sœur et moi étions sans voix, complètement sous le choc. Personne n'avait jamais dit de nous:

— Marcia (ou Brigitte), tu ne la laisses pas toute seule sur une plage...

Le syndrome de Ginette venait de faire son apparition dans nos vies. La peine ressentie de ne pas être «vues», pas «admirées» par nos conjoints... Heureusement, cela a bien changé depuis que nous avons chacune rencontré l'amour, le vrai. Nos chums ne nous laissent plus toutes seules... et pas seulement sur la plage!

Comme quoi on peut venir à bout d'un syndrome quand on en prend conscience et qu'on le travaille.

Amusez-vous aussi à identifier les syndromes dont souffrent vos parents. Quand on a une sœur (ou un frère) avec qui on s'entend bien, c'est thérapeutique, vous verrez! Je le fais souvent avec Brigitte. Nos parents ne seraient peut-être pas d'accord avec les syndromes qu'on leur accole, mais cela nous permet de comprendre d'où peuvent venir les nôtres et nous fait avancer.

Quels sont les vôtres? En les identifiant, vous constaterez déjà qu'ils sont moins accablants! Vous pouvez aussi trouver les syndromes de vos amies, lorsqu'elles vous raconteront leurs histoires... vous verrez, c'est toujours un plaisir de donner un nom à une réalité qui nous énerve. Et un peu d'humour dans nos histoires troublantes, ça fait du bien!

Des syndromes, il y en a des milliers. Il s'agit d'une situation qu'on vit à répétition et qui renferme un élément de souffrance. Au moment où on en prend conscience, on se dit : « Voyons donc, ça n'a pas de sens... »

Année après année, l'histoire se répète, de moins en moins souvent, jusqu'au jour où... il n'y a plus de syndromes. En ce qui me concerne, il m'aura fallu plus de quarante-cinq ans avant d'y arriver.

Avant, à mon réveil, des émotions négatives surgissaient. Je me levais, je me faisais un thé et j'y réfléchissais dans mes pages du matin. Pendant des années, ces émotions étaient reliées à ma vie amoureuse, à ma vie professionnelle, à ma peur de l'abandon (après avoir rencontré Cœur Pur) ou à ma condition physique douloureuse (lorsqu'on m'a diagnostiqué un vrai syndrome, celui de la queue de cheval).

L'autre soir, lors d'un souper entre amies, on m'a demandé comment j'allais et j'ai répondu que je ne m'étais jamais sentie aussi bien, car depuis plusieurs semaines, je me levais le matin sans qu'aucun syndrome ne me saute dessus. Vous savez ce que ça signifie? Je ne suis plus préoccupée par les peurs qui me gâchaient la vie. Est-ce qu'elles ont disparu comme ça, d'un claquement de doigts? Non, pas du tout. À force de les comprendre, à force de les nommer, d'en parler, d'en rire et, surtout, d'admettre que OUI, je souffre de ces syndromes, mais qu'ils ne me définissent pas, je peux maintenant affirmer qu'ils sont derrière moi.

On pourrait dire que je souffre du syndrome du manque de syndrome, mais je n'en souffre pas, j'en suis ravie! Je suis convaincue qu'il y en aura d'autres, au cours des prochaines étapes de ma vie, mais ceux-ci ne comporteront aucun aspect souffrant, seulement de la joie : le syndrome de la grand-maman gaga, le syndrome de l'auteure qui n'arrête jamais d'écrire, le syndrome de la p'tite vieille épanouie...

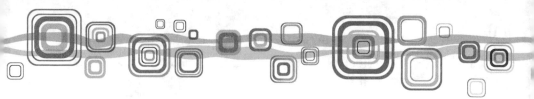

J'ai un corps

Depuis trois ans, j'ai un corps. Avant la maladie qui m'a frappée, je n'en avais pas. Oui, j'avais un corps comme tout le monde, avec tout ce que ça comporte : des bras, des jambes, des cheveux, des organes, du sang, des nerfs et des veines, mais je ne le *sentais* pas. Non pas que j'étais déconnectée de mon corps, mais je n'avais pas besoin de m'en occuper, il était autonome, il ne me préoccupait pas, je ne souffrais de rien. Je le sentais seulement après avoir fait du sport, comme tout le monde. Mais sinon, aucun problème de sommeil, aucun mal de tête ni de ventre, aucune douleur ; un corps solide qui me suivait partout où j'allais et qui baignait dans une belle énergie.

Vous avez sûrement déjà entendu un couple dire, après avoir vécu un épisode éprouvant (même une infidélité), que l'épreuve les avait rapprochés. Eh bien, la maladie que j'ai eue il y a trois ans et qui m'a laissée avec des séquelles permanentes, m'a aussi laissé un beau cadeau : une nouvelle proximité avec mon corps. L'épreuve nous a rapprochés, lui et moi. La peur, la crainte, la fragilité nous ont soudés.

Ce n'est pas pendant la maladie que ce phénomène s'est produit, mais environ un an et demi après, lorsque des crises d'anxiété, liées à la peur de souffrir d'une autre maladie grave, se sont montrées

le bout du nez. On pourrait dire des crises d'hypocondrie, mais je préfère parler de crises d'anxiété parce que je n'ai jamais été hypocondriaque. On m'a expliqué que le choc psychologique subi par mon corps est ressorti en anxiété hypocondriaque. Pendant que j'étais clouée au lit durant cent jours, j'ai tellement eu mal que, trop occupée à gérer ma douleur, je n'ai pas pu empêcher la peur de s'infiltrer dans ma tête.

Comment cette peur a-t-elle rejailli? Un an et demi après mon opération, après une visite de routine chez le dentiste pour réparer un plombage.

Avec mon syndrome de la queue de cheval, j'ai eu les nerfs du dos coincés et, pour me remonter le moral, je me répétais souvent comme mantra :

— Au moins je n'ai pas la face paralysée...

Je crois que c'est ce qui m'a permis de passer au travers. Mais lors de cette visite chez le dentiste, ce dernier n'arrivait pas à trouver la bonne veine et il m'a piquée plusieurs fois. Quelques jours plus tard, j'avais encore des engourdissements au visage et cela a ravivé des douleurs terribles. Pas physiques, mais psychologiques. J'étais seule en Outaouais avec ma peur, qui venait d'être déclenchée. Par la suite, pendant de nombreux mois, j'ai vécu des crises d'anxiété terribles.

Chaque petit bouton, chaque ganglion, chaque mal de gorge, chaque poignée de cheveux perdue, le moindre symptôme était paniquant et je le voyais comme une fatalité. J'étais certaine que j'avais une maladie, que j'allais recevoir un diagnostic irréversible et que j'allais mourir. Mes bras s'engourdissaient et d'étranges sensations parcouraient mon corps, pendant mes crises. J'appelais souvent ma mère en pleurant, paniquée :

— On dirait que je suis en train de me noyer! L'eau monte, monte et j'ai peur!

L'an dernier, à l'aéroport de Montréal, j'attendais un vol en direction du Salon du livre de l'Abitibi et j'ai été frappée d'une de ces crises. Dans les toilettes, les miroirs étaient légèrement inclinés et j'ai vu le dessus de ma tête. J'ai cru apercevoir une région où il y avait moins de cheveux. Je me suis mise à hyperventiler, croyant que je perdais mes cheveux et que j'allais me réveiller dans ma chambre d'hôtel le lendemain, en Abitibi, avec de grosses touffes sur mon oreiller. Imaginez... J'ai appelé Brigitte en pleurant d'une cabine téléphonique, en plein milieu de l'aire d'embarquement, sous les regards des voyageurs, convaincue que j'avais une maladie mortelle. Ma sœur a prononcé de bons mots pour me réconforter et j'ai réussi à maîtriser mon désarroi. Comme elle me l'avait prédit, je me suis réveillée le lendemain avec tous mes cheveux!

Quand ces crises ont commencé, je me réveillais la nuit en sueur, seule dans ma petite maison de Gatineau où je vivais la semaine, et je croyais ne pas pouvoir aller travailler au matin. Avec le recul, je me rends compte que j'ai eu de la chance d'être « obligée » de me rendre au travail (lorsqu'on anime une émission quotidienne, on ne peut pas prendre de congé de maladie). Cela me forçait à surmonter ma peur. Je la prenais par la main et je me disais : « Allons-y ensemble. » À mon retour, le soir, j'écoutais des segments de méditation sur mon iPod et le livre audio *Le pouvoir du moment présent* (je crois que je le sais par cœur, maintenant!). Grâce à ça, je reprenais conscience du moment présent, là où il n'y a pas de peur. Le pire contexte pour un épisode de panique, c'était dans le bois, à notre chalet, sans téléphone ni Internet, coupée de mes amies et de ma famille. Six jours seule avec mon chum pendant le temps des fêtes, confrontée à ma peur.

J'avais peur de ne plus jamais avoir confiance en mon corps, j'avais l'impression qu'il m'avait lâchée, en quelque sorte. Il fallait que je traite cette peur d'une façon ou d'une autre car, tôt ou tard, elle allait faire des ravages. J'ai donc dû mettre toutes mes énergies

à rebâtir cette relation, à me convaincre que j'allais m'en sortir et qu'il fallait que je vive tout ça.

Je me suis tournée vers des lectures inspirantes. Merci à Guy Corneau pour son magnifique livre *Revivre*, merci à Christiane Singer et son sublime *Derniers fragments d'un long voyage*, merci à Louise L. Hay pour toutes ses affirmations tirées d'ouvrages inspirants que j'ai recopiées par dizaines sur de grands cartons collés sur les murs, dans les miroirs, partout sur mon chemin. Merci à Grace Gassette pour son ouvrage *La santé mentale, physique et spirituelle*. Vous m'avez aidée à puiser en moi, à froid, sans médication, toute la force nécessaire pour surmonter ma peur.

Un immense merci, aussi, à ma sœur Brigitte et à Anouk, mes partenaires Master Mind (groupe de soutien composé de gens que l'on choisit pour des rencontres mensuelles afin de faire des demandes à l'Univers) à qui j'ai souvent parlé de mes peurs. Je participe à ces rencontres depuis vingt-deux ans et je n'ai jamais raté un seul mois. J'ai eu des partenaires différents depuis le début, mais depuis huit ans, Anouk et Brigitte sont à mes côtés. Je vous fais cadeau d'un courriel que je leur ai envoyé concernant le sujet de cette chronique.

> *« Salut, les filles,*
>
> *Hier, en rédigeant mes demandes Master Mind, je me sentais honteuse et triste, et je ne comprenais pas pourquoi. C'est ce matin, à mon réveil à 5 h 30, que j'ai fait une prise de conscience que j'aimerais partager avec vous.*
>
> *J'ai honte de toujours avoir quelque chose de « pas normal » dans mon corps. J'ai honte d'avoir des symptômes, de ne pas être au top de ma santé, d'avoir peur d'être encore malade. J'ai honte que ça n'arrête jamais.*

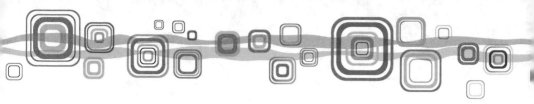

Cela ne fait pas de moi une mauvaise personne pour autant hein, les filles?

Brigitte, j'ai l'impression que cette honte est liée à mon environnement familial d'enfance. Chez nous, on n'avait pas le droit de se sentir faible, pas le droit d'être « ordinaire », il fallait toujours se démarquer, performer, être forte, aller de l'avant, ne pas s'apitoyer sur soi. Tout cela était mal vu. J'ai passé ma vie à foncer et à tout faire pour que ça aille bien, tout le temps, à me dépasser, même quand je trouvais ça difficile. Je ne devais pas rester inactive trop longtemps, c'était honteux d'être dépressive, de ne pas bien aller. Il ne fallait jamais se plaindre, dire qu'on trouvait ça dur, on n'avait pas le droit... Si j'étais découragée, mes parents faisaient un plan d'action pour que je me relève les manches et que j'avance malgré l'adversité.

Ce dont je me rends compte, les filles, c'est que j'ai envie de goûter à ça, moi, être fière de moi à 100 %, sans condition, avec ou sans douleur, avec ou sans hypocondrie, avec ou sans colère, avec ou sans argent de côté, avec ou sans perfection. J'ai le droit de me sentir moins top et d'être aimée quand même. Je devrais même écrire: être aimée <u>autant sinon plus</u>...

Merci, les filles, de m'avoir écoutée. Ça m'a fait du bien dans ma démarche d'amour envers moi-même. Vous êtes des perles précieuses et je ne remercierai jamais assez la vie de votre présence, de votre intelligence et de votre soutien.

Je vous aime infiniment,

Marcia xxx »

Voici la réponse de Brigitte:

« Tu as raison sur toute la ligne, Marcia.

Tu dois accepter ÉGALEMENT et avec le même amour toutes les facettes de ton être.

Nous sommes en cheminement.

Et l'acceptation de ces soi-disant imperfections ne fait pas de toi une personne qui n'est pas élevée spirituellement ou quelqu'un d'impuissant, au contraire ! C'est le matériau à partir duquel tu chemines et laisse-moi te dire que tu chemines vraiment, profondément.

Tu es une inspiration (ta personnalité, ta joie de vivre, ta façon de mener ta vie, ton intensité, ta générosité) pour de très nombreuses personnes, incluant moi.

Alors je te dis : continue de voir toutes ces épreuves avec les lunettes du cheminement, de la guérison, de l'accomplissement. Il NE PEUT PAS y avoir régression.

Je t'embrasse fort et te souhaite une très belle journée. Sache que je serai toujours là pour toi.

Tiens-moi au courant de la suite des choses, on se reparle,

Brigitte xxx »

Et la réponse d'Anouk...

« Ma belle Marcia d'amour,

Moi, je trouve que d'être aussi inspirée, inspirante, lumineuse, forte, évoluée, guidante, belle, tripante, et ce, même si tu as des limitations, ça fait que je t'admire énormément. Tu devrais donc ressentir de la FIERTÉ !! Parce que moi, je suis incroyablement FIÈRE de ce que tu accomplis. Je t'aime beaucoup. XXX »

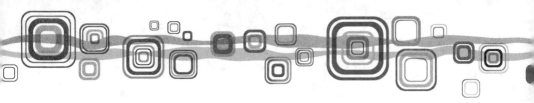

Nul besoin de vous dire que j'ai conservé ces courriels et que je les relis régulièrement. Le support entre amies, ça va aussi loin que ça.

Pendant cette période, je me disais souvent qu'un jour j'allais écrire une lettre à mon corps. Je voulais lui écrire pour le remercier et, aussi, pour lui dire que j'avais encore peur de ce qui pouvait m'arriver, que la confiance n'était pas tout à fait de retour. Je n'ai jamais eu à vivre l'épreuve de l'infidélité dans mon couple, mais j'imagine que ça doit faire le même effet. Tu veux continuer, mais il y a quelque chose à rebâtir et tu n'as pas le mode d'emploi pour y parvenir. Tu veux, mais tu ne sais pas trop comment.

Je vivais la même épreuve : je voulais écrire à mon corps, il le fallait, mais je ne savais pas par où commencer. Puis un bon matin, j'ai su que c'était le bon moment. Dans ma lettre, je disais que j'avais besoin de lui, que j'étais à son service. J'ai terminé en mentionnant que j'allais trouver une belle bague qui symboliserait le caractère précieux de notre union. Après avoir terminé cette lettre, je n'ai pas déposé mon crayon. Mon corps avait maintenant des choses à me dire, c'était son tour. Avec le crayon que ma main poussait, voici ce qu'il a écrit :

> *« Ma belle Marcia, ce n'est pas toi qui as besoin de moi, ce n'est pas toi qui es à mon service, c'est moi. J'ai besoin de toi, je suis à ton service, je ne peux rien faire sans toi. Je t'ai toujours soutenue, je t'ai toujours attendue, je t'ai toujours protégée et je vais continuer à le faire... »*

Sa longue réponse continuait ainsi pendant huit pages. Il me parlait de nous, enfants, de nous pendant certains épisodes de notre vie, du rôle qu'il avait joué pour moi, avec moi, en étant à mon service toutes ces années.

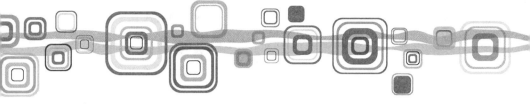

J'ai pleuré tout au long de ce processus et quand je relis cette lettre, je pleure encore... De belles larmes de joie et de bonheur, comme quand on vient de retrouver quelqu'un qu'on a perdu de vue, une amie chère après une dispute, une sœur, un parent. Mon corps me disait qu'il allait toujours être là, avec moi, dans sa force et sa fragilité, que nous allions former un tout magistral, capable de passer à travers n'importe quelle épreuve, comme nous l'avions toujours fait. Il me le promettait et je l'ai cru. Totalement.

Puis j'ai pris l'engagement d'aller me faire masser aussi régulièrement que je le pouvais. Chaque semaine, depuis six mois, je prends rendez-vous avec mon bon M. Ly, un thérapeute chinois qui fait des merveilles. Les premières fois, quand je revenais de ces massages, mon chum devait me prendre dans ses bras jusqu'à ce que je m'endorme, car le fait de laisser quelqu'un toucher mon corps en profondeur délogeait la peur et la panique qui restaient en moi pour me faire vivre de nouveaux épisodes d'anxiété.

Je suis tellement fière d'avoir réussi à faire cette route avec mon corps! Il m'arrive encore d'avoir des inquiétudes lorsque je vois un bouton sur ma peau, un petite bosse, lorsque j'ai un nerf coincé, un mal de tête lancinant, mais chaque fois, je regarde ma petite bague symbolisant l'infini (payée 20 $ dans une petite boutique du Maine) et ça me ramène automatiquement à mon essence, à la confiance que j'ai promis d'accorder à mon corps, faisant taire par le fait même mes scénarios catastrophes.

Le plus curieux dans tout ça? Une des séquelles permanentes de ma maladie est une insensibilité permanente de la moitié droite du bas de mon corps. Et pourtant, je n'ai jamais été aussi sensible à lui!

J'ai écrit ce texte pour toutes les femmes qui vivent présentement des moments éprouvants avec leur corps. Je veux que vous sachiez qu'il est possible d'en faire une aventure édifiante et que, si vous acceptez de vivre à fond cette situation, de l'accueillir, vous

en sortirez plus forte, plus grande et, surtout, plus vivante. Je le sais, maintenant, c'est imprégné dans mes cellules!

J'ai écrit ce texte pour vous, avec toute mon âme, avec tout mon corps, pour rejoindre le vôtre dans ce qu'il a de plus élevé. Je suis avec vous, je vous aime!

Marcia xxx

Confinée au lit, là où j'ai célébré mon quarante-troisième anniversaire.

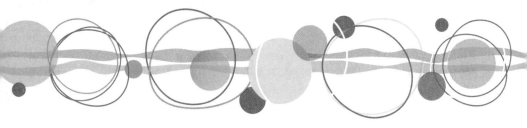

Quoi cocher?

Quand on a :

- une bouche en trou de cul de poule ;
- un bec de lièvre ;
- une culotte de cheval ;
- une grosse carapace ;
- une crinière de lion ;
- un appétit d'oiseau ;
- un caractère de chien ;
- un front de bœuf ;
- des dents de lapin ;
- des yeux de biche ;
- une mémoire d'éléphant ;
- des pattes-d'oie ;
- un nez de cochon ;
- une haleine de cheval ;
- une bosse de bison.

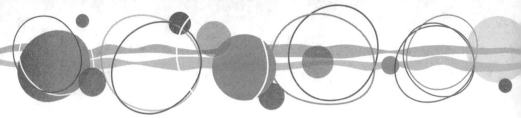

Ou :

- qu'on est frisée comme un mouton ;
- qu'on a la chair de poule ;
- qu'on est poilue comme un singe ;
- qu'on marche à pas de souris ;
- qu'on est le dindon de la farce.

Dans les formulaires, à la question « Homme ou Femme », qu'est-ce qu'on coche ?

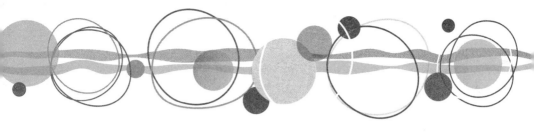

Ça m'irrite

On a tous un p'tit côté «trash», irrévérencieux, «pas fin». La preuve? Réunissez des amis autour d'une table et faites-les «chialer» à propos des comportements qui les irritent au plus haut point et vous aurez des heures de plaisir! J'ai souvent envie d'éduquer les autres à voix haute, envie de leur dire ma façon de penser. Il s'agit toujours de gens que je connais peu, mais qui, selon moi, agissent de manière inconvenante en société. Puisque je suis une personne polie, je me retiens, mais aujourd'hui, sans censure, je partage avec vous certaines de mes impulsions verbales... Voici donc des situations qui m'irritent.

J'ai toujours le goût d'intervenir, mais je me retiens quand...

SITUATION 1

Une femme cherche sa monnaie dans son sac à main à l'épicerie, alors qu'il y a une longue longue queue derrière...

Ce que je pense très fort :

«Eille, madame, vous voulez payer avec de l'argent plutôt qu'avec une carte de débit? Pas de problème, mais de grâce, comptez pas vos cennes devant nous! Au pire, roulez-les chez vous et vous paierez avec vos rouleaux. Aussi, pendant que vous cherchez dans votre sac, arrêtez de parler à la caissière. Concentrez-vous, s'il vous plaît, il y a du monde qui attend!»

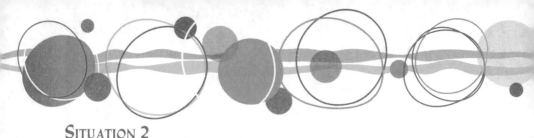

SITUATION 2

Un enfant qui a les cheveux devant les yeux. Il me vient une soudaine envie de lui couper le toupet. Je ne peux pas comprendre comment un parent arrive à endurer ça... Ça devrait même être obligatoire dans le code de vie scolaire. Si j'étais prof, j'exigerais le port des barrettes! La mère du p'tit dernier de mon chum lui laisse pousser les cheveux et si on a le malheur de remédier à la situation, on en entend parler pendant des mois. La dernière fois qu'on a eu l'enfant à la maison (il est avec nous seulement six semaines par année), avec ses cheveux pleine longueur en avant comme en arrière, on ne savait jamais s'il était de dos ou de face! Déjà qu'on n'a pas le choix de se faire imposer le style capillaire de nos enfants ados, peut-on avoir une petite pause avant cette période?

Ce que j'ai envie de dire à la mère :

« Est-ce qu'on peut savoir c'est quoi, le problème? Tu veux cacher la face de ton gars? Tu veux en faire ta poupée et lui tresser les cheveux en cachette? Tu as fait un retour aux sources et tu es dans une phase "homme des cavernes"? Y a pas de barbier, dans ton coin? Tu veux isoler ton enfant des autres en le protégeant avec ses cheveux? Tu veux qu'il se prenne pour Samson? Il doit bien y avoir une raison? Quand tu l'auras trouvée, tu nous le feras savoir pour qu'on essaie de comprendre, s'il te plaît. »

SITUATION 3

Les bruits de « crounch » quand quelqu'un mange.

« C'est pas normal que vous ne vous entendiez pas croquer de façon hyperactive, vos oreilles sont à quelques centimètres seulement de votre bouche! Pouvez-vous croquer moins fort, s'il vous plaît? Surtout le matin, quand je suis à peine réveillée, ce n'est pas un bruit que j'ai envie d'entendre. Et pour ceux qui apportent des collations bruyantes

en réunion, sachez que tout le monde entend bouger le contenu de votre bouche! Pouvez-vous manger pendant votre pause?»

SITUATION 4

Les animateurs de radio qui disent: «Après la pause, on va jouer telle toune!»

«Non, vous ne "jouerez" pas la chanson après la pause... à moins que vous sortiez votre guitare et que vous chantiez le dernier hit de Francis Cabrel. Vous allez nous «faire jouer» une chanson, c'est pas pareil!»

SITUATION 5

Les gens qui travaillent avec «le public» et qui ont l'air bête. Ces trois dernières années, j'ai pris le transport en commun presque chaque jour (train et autobus), et mon Dieu que certaines personnes ont l'air bête!

«Eille, bonhomme, tu travailles avec des êtres humains, pas des machines. Tu vas en voir des centaines, aujourd'hui. Oui, ça se peut que tu aies mal dormi, que tu sois en peine d'amour ou que tu aies des problèmes personnels. On ne te demande pas de lancer une blague ou de nous donner une «bine» sur l'épaule quand on monte dans ton bus, mais s'il te plaît, ne roule pas les yeux d'exaspération parce que je dis à haute voix que je veux descendre au prochain arrêt au lieu de faire sonner la petite cloche.»

SITUATION 6

Les «morons» qui te klaxonnent à peine une demi-seconde après que la lumière rouge soit devenue verte.

«Wô, wô, mon ami! Je l'ai vu autant que toi que le feu est devenu vert, mais peux-tu juste me laisser le temps d'avancer mon pied vers l'accélérateur? Sais-tu ce que j'ai envie de faire quand tu joues du

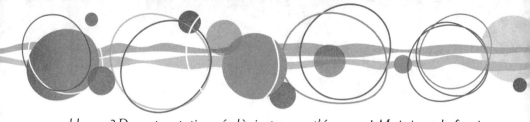

klaxon ? De rester stationnée là, juste pour t'écœurer ! Mais je ne le ferai pas... Respire par le nez et prends ton gaz égal, mon beau garçon !»

SITUATION 7

Les gens qui passent devant la caméra, alors qu'il est évident que je suis en train de prendre une photo.

«Youhou, madame ! Vous ne voyez pas que j'ai un appareil photo dans les mains ? Il me semble que la plage est assez grande pour que vous ne soyez pas obligée de passer à cet endroit précis, lentement, avec votre chien. À moins que vous rêviez secrètement de faire partie de notre portrait de famille ? OK d'abord, venez avec nous, on fera croire que vous êtes notre matante... Pis en plus, y'é laitte votre chien !»

SITUATION 8

Une personne qu'on rencontre à l'épicerie par hasard et avec qui on n'est même pas capable de parler cinq minutes parce que son petit morveux ne la laisse pas parler. Et la personne, au lieu de dire « Un instant, maman parle avec son amie qu'elle n'a pas vue depuis dix ans», répond à chaque question de l'enfant.

Dans ce temps-là, j'ai le goût de lancer :

«Tu m'enverras un courriel... si ton enfant te laisse faire, bien entendu !»

SITUATION 9

Les gens qui se justifient à voix haute de prendre plusieurs desserts dans un buffet.

«Qu'est-ce que tu veux que ça me fasse que tu prennes trois mille-feuilles, cinq boules de crème glacée, du Jell-O multicolore, six biscuits chinois et cinq kilos ?»

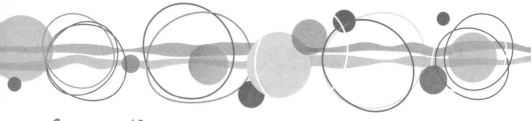

SITUATION 10

Lorsque je passe à la caisse et qu'on me demande si : j'ai la carte de points du magasin, si je veux un billet de loto, si je souhaite acheter l'article en spécial, etc. Un chausson avec ça?

« Euh... si je l'avais, ta carte de points, je te le dirais, non ? Je l'aurais même sortie avant que tu me la demandes, parce que j'aurais hâte d'avoir mes points. »

SITUATION 11

Un adulte qui demande à un autre adulte l'âge de ses enfants, alors que ces derniers sont juste à coté et qu'ils peuvent répondre eux-mêmes. La dernière fois que ça m'est arrivé, Madeleine avait quinze ans !

SITUATION 12

Les adultes qui disent immanquablement *« fais pas ton gêné »* à leur enfant de nature réservée, lorsque vient le moment de faire les présentations.

« Toi, madame, aimerais-tu que ton mari dise "fais-pas ta gênée, voyons !" quand il te présente à ses nouveaux collègues lors d'un 5 à 7 et que tu baisses légèrement les yeux au sol ? »

SITUATION 13

Les gens qui se permettent de passer des commentaires désobligeants sur notre physique, du genre : « Mon Dieu que t'as les cheveux fins ! » ou « As-tu pleuré ? Tu as les yeux tout bouffis ! » ou encore « As-tu engraissé, dernièrement ? On dirait que tu as mis le manteau de ta fille ! », *« Bad hair day,* hein ? » sans compter « T'as pas eu le temps de te maquiller ce matin ? » « As-tu les jambes croches ? » « C'est quoi cette verrue-là ? »

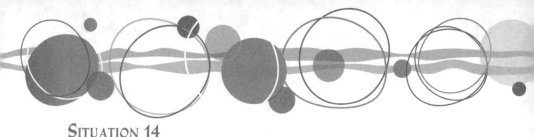

SITUATION 14

Les vendeurs qui me disent «Salut!» ou «Allô!» en guise de bienvenue, quand j'entre dans leur magasin… Je déteste ça!

Ma fille m'a déjà demandé : «Qu'est-ce que ça peut faire qu'il te dise "Allô" au lieu de "Bonjour"?» Je trouve ça impoli. C'est comme si tu donnais une «bine» sur l'épaule de ta directrice quand elle vient vous parler en classe. Il y a des règles de savoir-vivre de base et on dirait que certaines personnes ne les ont pas apprises.

SITUATION 15

Voir des jeunes collègues scotchés à l'écran de leur cellulaire, à envoyer des textos pendant les heures de travail, comme si leur vie en dépendait. Et quand on le leur fait remarquer, ils se fâchent…

J'ai appris à tourner ça à la blague en disant :

— Et puis? Ta blonde vient de crever ses eaux?

— Fais là? Ma blonde est même pas enceinte…

SITUATION 16

Quelqu'un qui a un chat dans la gorge et qui passe son temps à essayer de le faire passer.

«OK, racle-toi la gorge une bonne fois pour toutes qu'on en finisse! On peut même t'apporter un p'tit bol pour cracher, si ça peut t'aider. Le p'tit guizmo qui est pogné là fait qu'on n'est plus capables de suivre le fil de la conversation parce que tu arrêtes de parler pour faire un bruit de tracteur à chaque mot. Sors-le, le chat, vas-y! T'es capable, respire, pousse…»

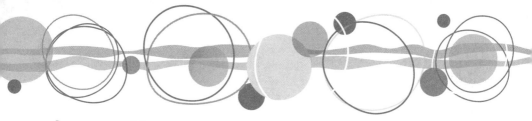

SITUATION 17

Qu'est-ce qu'il y a de pire qu'un chat dans la gorge ? Un filament de salive collé entre les lèvres qui se détache à chaque mot prononcé ! Au début de la phrase, il est sur la lèvre supérieure, en petit motton blanc, et à la fin, il se retrouve sur la lèvre inférieure. Pendant la phrase ? Il se promène entre les deux !

« Traîne-toi toujours une bouteille d'eau, fais quelque chose, ça ne doit pas être la première fois que ça t'arrive ?! On n'écoute plus ce que tu dis, trop occupés à suivre l'itinéraire du p'tit motton blanc pour savoir où il va finalement se poser ! Le problème, c'est qu'il bouge toujours et que plus il bouge, plus il épaissit, et plus il épaissit, plus c'est DÉGUEU ! »

SITUATION 18

Quelqu'un qui ne finit jamais ses phrases et qui ne s'en aperçoit pas.

« Si jamais tu prends la parole, je t'en prie, désigne quelqu'un dans la pièce pour t'aider à terminer tes phrases. On n'est pas dans ta tête, on ne lit pas dans tes pensées, alors on ne peut pas deviner ce que tu veux dire. Ou alors mets un choix de mots au tableau et on va construire nous-mêmes tes fins de phrases ! »

SITUATION 19

Quelqu'un qui répète silencieusement tout ce que tu es en train de dire, en bougeant les lèvres avec un léger décalage.

SITUATION 20

Quelqu'un qui te raconte des histoires sans intérêt, sans même te demander si tu es disposée à les entendre. Des anecdotes qui n'ont pas de punchs et qui mettent en scène la vie quotidienne des enfants, par exemple. Il y a à peu près juste ceux qui les ont vécues qui trouvent ça intéressant. Du genre : « Pauvre p'tit chou, y vomissait, y vomissait, pis y disait maman ! »

«*Premièrement, il est 8 h du matin et si t'arrêtes pas, je vais vomir moi aussi sur la table et tu vas être obligée de nettoyer, comme cette nuit avec ton gars. Deuxièmement, penses-tu vraiment que ça nous intéresse de connaître le contenu exact de l'estomac de ton enfant, quand tu nous décris ce que tu as vu sur le plancher? Déjà que quand ça arrive à mes propres enfants, ça m'écœure, alors imagine lorsque c'est ceux des autres!*»

SITUATION 21

Autres anecdotes tout aussi ennuyantes : les anecdotes de cuisine. Si tu veux m'intéresser, apporte-moi la recette formidable que tu as essayée, mais ne me raconte pas, surtout pas en détail, comment tu l'as réussie, en mimant presque le bruit que le pouding a fait pendant que tu le brassais, ou en vantant les mérites de ta mijoteuse. Il y a des limites...

SITUATION 22

Le summum des anecdotes sans intérêt (pour moi, en tout cas) : des récits qui mettent en scène des animaux. Chien, chat, perruche, cochon d'Inde... Toutes les finesses de vos animaux – à moins qu'elles soient racontées avec un humour hors du commun ou que le *punch* soit digne d'un segment de *Drôles de vidéos* – n'ont rien de très intéressant. Cela inclut aussi vos visites au parc à chiens et celles chez le vétérinaire. Je possède douze poules, huit canards, des poissons rouges, deux chats et un berger allemand, mais je n'en parle jamais.

SITUATION 23

Les annonces de yogourt où des femmes plus minces que ma voisine de onze ans font comme si elles venaient de s'offrir la gâterie du siècle en mangeant un yogourt à la tarte à la lime zéro calorie. J'suis pas capable !!!

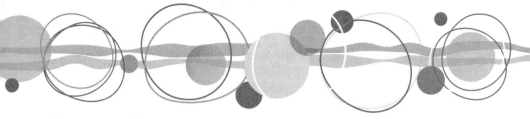

Situation 24

L'après-rasage pour homme qui sent beaucoup trop fort. Il y a une règle de base qui est aussi valable pour les femmes : on n'est jamais censé « sentir » le parfum de quelqu'un à moins d'être vraiment collé tout près... Quand tu dois aller te faire aérer les poumons dehors après avoir pris l'ascenseur avec trois hommes, c'est pas normal.

Situation 25

Les parents qui laissent leurs enfants parler très fort (pour ne pas dire crier) dans une bibliothèque et, pire encore, qui répondent à leurs enfants aussi fort.

– PAPA, VIENS VOIR, Y A DES LIVRES DE SORCIÈRES !

– J'ARRIVE, MON HOMME !

Situation 26

Les gens qui tiennent absolument à sortir des jeux de société aussitôt qu'ils se retrouvent en groupe.

« Come on, si on n'a pas autre chose à faire ou à se dire quand on se voit trois fois par année, aussi bien ne pas se voir ! »

Situation 27

Ceux qui se curent les dents avec tout ce qui leur tombe sous la main.

« Mon cher monsieur, allez donc faire un tour à la pharmacie dans l'allée des brosses à dents, vous n'en reviendrez pas de voir tous les nouveaux produits pour déloger le p'tit "quelque chose" pogné entre vos dents qui vous énerve tant. Soie dentaire soyeuse, à la menthe, double surface, sur tige, et j'en passe... »

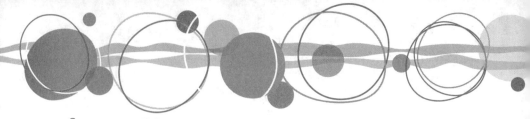

SITUATION 28

Les gens qui parlent fort au cellulaire dans des lieux publics, comme dans l'autobus ou dans la file d'attente à l'épicerie.

« Premièrement, vous avez l'air d'un déficient intellectuel qui se parle tout seul et, deuxièmement, vous n'êtes pas dans une téléréalité où deux millions de personnes sont suspendues à vos lèvres. Non, vous êtes dans une allée d'épicerie où les gens n'ont pas nécessairement envie d'entendre que votre intolérance au gluten vous donne des gaz... »

SITUATION 29

Quelqu'un qui entre dans notre bulle pour nous parler. Je recule, il avance... on vient d'inventer une nouvelle danse !

« Si tu veux danser un slow avec moi, dis-le moi tout de suite, je vais aller mettre de la musique ! À moins que tu aies quelque chose de grave ou de très personnel à m'annoncer ? Chose certaine, tu me colles trop et je n'aime pas voir tes amygdales d'aussi près... »

SITUATION 30

J'ai le goût de frapper quelqu'un quand je marche vers ma voiture, dans un immense stationnement, perdue dans mes pensées, et qu'un bruit strident de klaxon se fait entendre. Je sursaute à tout coup, pensant que je viens d'échapper à la mort. Non, aucun risque de collision à l'horizon, mais seulement un « moron » qui vient d'activer son petit dispositif pour retrouver sa voiture dans le stationnement. Que je me barre le bas du dos parce que j'ai fait un mouvement brusque, ou que je fasse une crise cardiaque est le moindre de ses soucis.

« Cher ami, est-ce que tu aurais vraiment marché pendant des heures si ton auto ne t'avait pas fait signe qu'elle était stationnée dans la rangée E-6 ? Comment ils faisaient, nos ancêtres, pour retrouver leur calèche, tu penses ? »

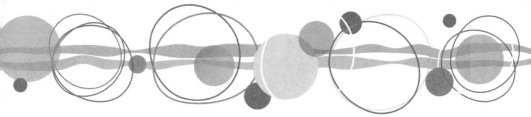

J'arrête ici, mais vous savez quoi? Je pourrais continuer encore pendant des pages et des pages! Ne me jugez pas, s'il vous plaît! C'est très libérateur... Je vous suggère même d'essayer de vous prêter à l'exercice à votre tour, vous allez voir, ça défoule et ça ne fait de mal à personne!

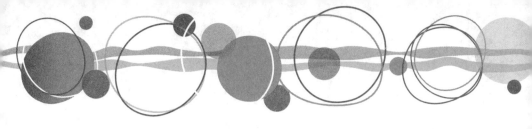

C'est pas beau, un ado

J'ai une expérience assez vaste en ce qui concerne les ados, puisque j'ai baigné dans cet univers il y a douze ans avec Adèle et ses nombreux amis, et voilà que j'y trempe de nouveau avec ma fille Madeleine, ma filleule Clara et les deux plus vieux de mon chum. Parfois, en entrant chez nous, on pourrait croire qu'on se trouve dans une Maison des jeunes! Il ne manque qu'une table de baby-foot et de vieux divans fleuris.

J'aime les ados, j'aime converser avec eux, rire avec eux, les écouter, leur faire des conférences privées, aller voir leurs spectacles, leurs matchs de soccer, les sermonner, les éduquer, les aimer, les peigner, les habiller, les reconduire, les nourrir, leur envoyer des textos (oui, oui, depuis deux semaines, je sais comment), leur faire des lunchs, leur acheter des livres, etc. Mais parfois, mon Dieu qu'ils me tapent sur les nerfs et que je les trouve «ordinaires», autant esthétiquement que psychologiquement!

Je devrais pourtant les trouver beaux et intelligents, mes ados. Je ne devrais pas parler de leur peau acnéique qui leur dilate les ailes du nez, leur rabote la face et les enlaidit. Je ne devrais pas entendre leur voix qui mue et qui chantonne comme s'ils avaient en permanence de l'hélium dans le fond de la gorge. Je ne devrais pas être irritée par leurs justifications continuelles pour ne pas rendre

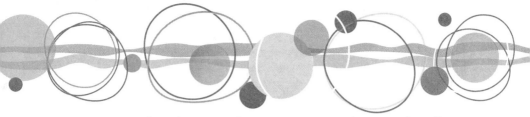

un service, par leur humeur changeante ou par leur appétit d'ogre qui les fait manger cinq toasts une heure après être sortis de table et avoir engouffré le contenu de deux assiettes en grognant de plaisir. Je devrais trouver ça drôle quand ils se traitent de cons, entre eux, et je ne devrais pas avoir envie de leur dire de ne pas utiliser ce mot qui désigne le sexe féminin, parce qu'on ne se sert pas du sexe féminin pour insulter les gens, le vagin étant une partie du corps qu'il faut honorer.

Je ne devrais pas avoir envie d'éduquer les ados toutes les deux minutes. Je ne devrais pas non plus remarquer que, quand je donne un *lift* à une gang d'ados l'hiver à -30 °C, je suis obligée d'ouvrir les fenêtres parce qu'ils ont un petit problème d'hygiène. Me semble qu'au nombre d'heures que vous passez dans la salle de bains, vous devriez au moins sentir bon! Qu'est-ce que vous y faites, à part vous péter les boutons?

OK, je devrais être plus indulgente. Après tout, vous êtes en formation; un peu comme la pâte du bonhomme Pillsbury quinze minutes avant que les croissants sortent du four, vous n'êtes pas tout à fait achevés. Vous tentez par tous les moyens de nous faire croire le contraire, mais on n'est pas dupes, on est déjà passées par là!

Vous vous pensez tellement marginaux, avec vos tatouages colorés, un peu partout sur le corps, mais ce dont vous ne semblez pas vous apercevoir, c'est que tout le monde a les mêmes!!! Et que dire de votre dialecte et de vos mots auxquels il manque des lettres! Est-ce à force de *chatter* et de texter que vous avez perdu quelques syllabes et consonnes en chemin? Et cette manie de rire tout le temps, même quand rien n'est drôle... Rire, rire, comme des hyènes tout le temps. Lorsqu'on va souper chez mes parents, Madeleine et Clara (les deux cousines qui étaient dans la catégorie «Duos inséparables», dans leur album des finissantes de l'année 2013) s'installent au bout de la table et elles rient pendant tout le repas. Ma mère dit quelque chose de banal et elles rient à en pleurer. Sérieusement, l'autre jour,

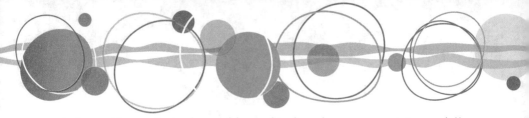

je leur ai braqué une lampe de poche dans les yeux, certaine qu'elles en avaient fumé du bon. Ma mère, elle, trouve ça très très *cute* :

— Laisse-les exprimer leur joie de vivrrrrrrre !

— À ce point-là, ce n'est pas de la joie de vivre... c'est plutôt « MALAISE », pour utiliser leur expression favorite.

Et quand les ados essaient de m'en montrer, c'est là que j'ai envie de décrocher. Ça m'insulte quand ils tiennent leur bout à propos de quelque chose qu'ils ne connaissent pas ! Ils jurent que c'est *comme ça* que ça marche et qu'ils ont raison. J'ai perdu tellement de temps à discuter que, maintenant, je dis : « Oui, oui, tu as raison, c'est comme ça que ça marche... Merci de me l'apprendre. »

L'autre jour, je faisais le ménage de mes valises remplies de photos et, dans le lot de photos des années 1980 (mon adolescence), je me suis revue avec mes cheveux ras sur la tête, mes robes en papier d'aluminium bleu, mes souliers pointus, mes chapeaux melons, mes cheveux mauves à mon bal... J'ai pris le temps de me replonger dans cette époque où, comme mes ados, je me croyais supérieure à mes parents, que je trouvais démodés et vieux jeu. Plus je regardais les photos, plus je me disais : « On n'était pas ben ben beaux nous non plus... » Mais à cet âge-là, je me trouvais belle et c'est ce qui compte ! À cette époque, je me répétais que ce n'était qu'un mauvais moment à passer, qu'il fallait que j'endure les adultes jusqu'à mes dix-huit ans. Jamais je ne me disais que c'était plutôt le contraire, que mes parents devaient m'endurer avec mes prétentions, mon mépris et mon arrogance.

Après avoir refermé la valise de photos, je suis allée dans la cuisine. Les ados venaient de manger leur quatrième souper et ils étaient montés se coucher. Ils avaient laissé des miettes et de la vaisselle sur le comptoir. Je n'ai pas eu envie de les réveiller pour qu'ils viennent ranger la cuisine, je n'ai pas eu envie de sacrer. Dans leurs miettes, j'ai vu les vestiges de ma propre adolescence, parce que c'est

bien tout ce qu'il en reste, des miettes... Et je me suis rappelé qu'il y a trente ans, quelqu'un les a ramassées pour moi.

Mon look d'adolescente de quinze ans.

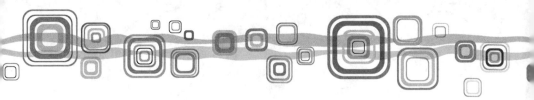

« Pep talk » avec ma fille

Lorsque je dois me rendre à un endroit inconnu, j'aime bien avoir le luxe de me perdre. Voilà pourquoi je n'aurai jamais de GPS. J'aime me perdre. Pour y arriver, il faut d'abord avoir le temps, ne pas être pressée. Si je dois animer une conférence à une heure de route de chez moi, je pars trois heures plus tôt. Ce que je vis en m'y rendant est aussi important que la conférence elle-même.

Rabbi Na'hman de Breslev a dit: «Ne demande ton chemin à personne, tu risquerais de ne plus pouvoir te perdre.»

J'ai affiché cette phrase sur le mur de mon bureau et je la relis souvent. Je tente d'inculquer cette façon de voir à mes filles. Alors quand nous partons en escapade pour quelques jours, au Québec ou aux États-Unis, je ne réserve jamais de terrain de camping ou d'hôtel, je me sers d'une carte pour arriver à destination, sans plus. J'aime les *nowhere*, ce sont les plus beaux voyages que j'ai faits, ceux dont on se souvient longtemps. J'aime que ma vie soit un *nowhere*, pas dans le sens qu'elle ne va nulle part, mais parce que j'ai la certitude qu'elle sait où elle s'en va, qu'elle me dévoile le chemin au fur et à mesure. Sa destination ne peut être que la meilleure pour moi! C'est sans doute pour cette raison que je ne suis pas une personne stressée. Il faut beaucoup de confiance et être très zen pour consentir à perdre son chemin.

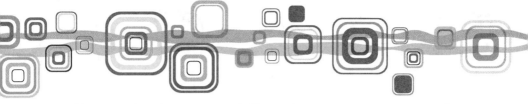

La première loi que je m'efforce de respecter : ne jamais être pressée. Même avec des horaires de première ministre, il faut agir comme quelqu'un qui a tout son temps. C'est un art difficile à mettre en pratique au quotidien, mais quand on y parvient, c'est extraordinaire.

Adèle, qui est une jeune avocate, a souvent des périodes de stress intense. L'autre jour, elle m'a appelée, en panique :

— Maman, je capote !

— Qu'est-ce qui se passe ?

— Je suis stressée, stressée, stressée...

— Ah oui ?

— Oui, j'ai besoin d'un *pep talk*. Tout me stresse !

Je lui réponds toujours la même chose :

— Présentement, Adèle, en ce 21 mars 2013, à 16 h 48, as-tu un problème ?

— Présentement, non, mais je vais en avoir un si...

— P-r-é-s-e-n-t-e-m-e-n-t, as-tu un problème ?

— Non.

— Alors pourquoi tu te stresses ?

— J'sais pas trop... imagine si...

— Justement, n'imagine rien. Reste dans le moment présent et tout va bien aller.

— Étais-tu zen comme ça, à mon âge ?

— Pas autant qu'aujourd'hui, mais je m'entraînais à l'être tous les jours, en lisant, en méditant et en suivant des cours de développement personnel. À ton âge, j'avais une enfant de sept ans (toi !) que j'élevais seule une semaine sur deux, je vivais de contrat en contrat

dont quelques-uns à la télévision (l'équivalent de trente jours par année), je faisais mon bac en communications à temps partiel, j'avais conçu des ateliers de théâtre et je montais des spectacles avec des enfants du primaire, je n'avais pas de pension alimentaire et tu sais quoi? Je n'ai jamais manqué de rien.

— Tu n'étais pas stressée?

— Non, car je faisais tout en mon pouvoir pour diminuer mon insécurité, justement. J'essayais de toujours être dans un état de gratitude et de confiance envers la vie.

— Est-ce que ça fonctionnait?

— Certainement. Mes amies disaient que j'étais «mardeuse» et je détestais ça, parce que je savais que cela n'avait rien à voir avec la chance!

— Pourquoi elles disaient ça?

— Parce que la vie m'envoyait des surprises, sous la forme de hasards, et ça faisait en sorte que j'avais tout ce dont j'avais besoin au bon moment et d'une façon que personne n'aurait pu imaginer.

— Tout ça parce que tu ne stressais pas?

— T'as tout compris. Le fait de rester calme et «focusée» sur ma confiance en la vie laissait la vie travailler pour moi. Les choses arrivaient par des moyens qui n'auraient pas été possibles si j'avais été stressée.

— Donne-moi des exemples.

— Les meubles, les maisons, tous les biens matériels que j'ai eus, les contrats, les rencontres, les lectures, etc. Tout ça est venu à moi par hasard.

— C'est ce que tu appelles les synchronicités, non?

— En plein ça. Tu sais, quand tu te dis: «Si j'étais arrivée cinq minutes plus tard, je n'aurais pas rencontré cette personne qui m'a

parlé d'un contrat intéressant. » Ou : « Si je ne m'étais pas perdue en chemin, je n'aurais pas arrêté dans ce restaurant et je ne serais pas tombée par hasard sur cet article du journal local qui m'a fourni la réponse que j'attendais. »

— C'est comme ça, aussi, que tu as rencontré l'amour de ta vie...

— Oui, mon beau Cœur Pur. Après sept ans, on n'en revient pas encore. Pendant vingt-cinq ans, il a vécu à quelques rues de chez moi, on s'est croisés des dizaines de fois, on a suivi nos cours de conduite ensemble, puis ce fameux soir de novembre, je suis allée au kiosque à journaux et lui, qui demeurait pourtant à Sutton, était venu acheter le même journal spécialisé que moi. Si lui ou moi étions arrivés cinq minutes plus tard, nous nous serions manqués !

— C'est fort pareil...

— On a tort de dire que c'est fort, que c'est incroyable. C'est le contraire qui n'est pas normal...

— Qu'est-ce que tu veux dire ?

— C'est quand on stresse, comme toi tantôt, quand c'est compliqué, quand on force, ça ne donne rien. C'est contre nature. Il faut faire confiance à la vie...

— Oui, oui, tu me l'as déjà dit : la vie sait mieux que nous ce qu'il nous faut et par quel chemin passer pour l'obtenir. Il faut lâcher prise sur le « quand, comment, combien, quoi et où » ! C'est pas toujours facile à faire.

— Mais je peux te dire que c'est vraiment plus tripant de vivre sa vie comme ça que de l'autre façon... bien plus reposant, en tout cas.

— Oui, mais plus insécurisant.

— Pas quand tu as apaisé ton insécurité. Je reviens à ma question de départ : là, présentement, est-ce que tu manges à ta faim ?

— Oui.

— Tu as un toit sur la tête?

— Oui.

— Tu as des vêtements, de l'eau courante?

— Oui.

— Tu as des amies que tu aimes, une famille?

— Oui.

— Des défis qui te stimulent?

— Oui.

— Des biens matériels que tu aimes?

— Oui.

— Tu as même une voiture.

— Oui...

— Alors tu es riche, tu n'as aucun problème et aucune raison de stresser. Pendant que tu profites de toutes ces richesses, la vie travaille pour toi et elle s'assure que tu auras toujours tout ce dont tu as besoin, afin que tu vives une vie où tes talents pourront rayonner.

— Dans ton énumération, tu as oublié quelque chose...

— Quoi?

— J'ai une maman qui fait les meilleurs *pep talk* du monde!

— Merci, ma belle! Ah oui, une dernière question avant de raccrocher. As-tu un GPS dans ta voiture?

— Oui.

— Pauvre toi, tu ne peux pas te perdre! Tu ne sais pas ce que tu manques...

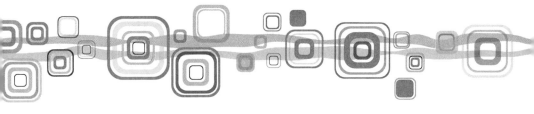

Fière d'avoir pris du poids

L'an dernier, je pesais cinq kilos de moins. Je n'écris pas ça pour vous parler de mon poids, il n'y a RIEN que je déteste plus que des conversations tournant autour du poids, du genre : « J'ai engraissé, j'ai maigri... Combien d'heures de vélo pour brûler cinq cents calories? J'ai bu du vin, en fin de semaine, faut que je fasse attention lundi, je vais manger de la salade. Ouf, c'est le temps des fêtes et je ne rentre plus dans mes jeans! »

La gestion du poids appartient à chacune d'entre nous et je trouve que, sincèrement, les femmes s'en font inutilement. Elles se mettent elles-mêmes en prison et font comme si elles avaient perdu la clé. Si je vous parle de mes cinq kilos, c'est pour raconter une prise de conscience importante que j'ai eue et qui m'a permis de mieux me traiter. L'an dernier, j'ai cessé presque radicalement de prendre ma médication contre les spasmes et la douleur. Je prenais chaque jour, depuis deux ans, six Advil extra-fort, des comprimés de Lyrica et un comprimé de Topiramate (habituellement donné aux épileptiques). La maladie que j'ai eue provoque en permanence des petits chocs électriques dans mon corps. Si je suis seule avec vous dans un endroit tranquille, ne vous surprenez pas si vous m'entendez émettre un bruit bizarre. Pas un cri, mais un peu comme quand on sursaute ou comme si on avale rapidement son souffle la bouche ouverte. Un matin, au chalet, je me suis rendu compte que j'avais

oublié de prendre mes comprimés de Lyrica et de Topiramate. Mon premier réflexe a été de me « garrocher » sur le flacon, mais je me suis arrêtée et je me suis dit :

— On est samedi, je vais tenter de passer la journée sans médication, juste pour voir, et si ça fait trop mal, je les prendrai ce soir...

Le soir venu, j'ai décidé d'essayer un autre vingt-quatre heures, le lendemain aussi. Et voilà que ça dure depuis un an! Ça n'a pas été facile, car j'ai vécu une période intense de sevrage. Quiconque est passé par là sait de quoi je parle. On se réveille en pleine nuit, complètement trempée, on fait des cauchemars, on a des idées noires... C'est incroyable à quel point il faut être solide mentalement pour passer au travers! En prime, la douleur était encore plus présente, mais on aurait dit que le fait d'avoir mal me rapprochait davantage de mon corps. Je savais à quel degré j'avais mal, je pouvais mesurer la douleur, l'apprivoiser, la maîtriser, l'accueillir, lui faire une place, dire : « OK, mon beau corps, t'as vraiment souffert et tu souffres encore aujourd'hui. On va essayer de faire avec, mais pour ça, je ne dois plus avoir peur de sentir la douleur qui reste. »

Le plus difficile a été de prendre conscience que je ne sentais plus du tout certaines parties de mon corps et que c'était bien réel. Soixante pour cent de ma jambe droite, toute ma fesse droite et la moitié de droite de mes organes génitaux se retrouvent comme enveloppés dans de la ouate. Tant que j'engourdissais mon corps avec des médicaments, je ne pouvais pas mesurer l'ampleur des dégâts, mais cette fois, moi qui aime que les choses soient claires, j'en ai eu pour mon argent. Ce que je ressentais « à froid », c'était ce que serait mon état pour le reste de mes jours. C'est, je crois, ce qui fait le plus mal. C'est aussi pour cette raison qu'on aime mieux ne pas savoir vraiment.

Depuis que je ne prends plus ces médicaments, je prends conscience que je suis « assise sur du vide », du côté droit du moins. Je sens aussi quand ça me pique, maintenant, et c'est infernal. Je vous

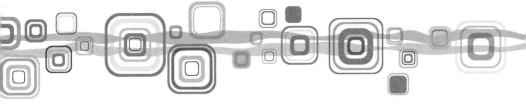

explique... Imaginez que ça vous pique sur le bras, que faites-vous? Vous vous grattez. Si ça me pique sur la cuisse ou sur la fesse droite, je me gratte, mais je ne sens pas mes ongles sur ma peau, alors ça ne donne rien! Pour que ça arrête de me piquer, je suis donc obligée de me donner des coups, c'est assez spécial. Je n'ai encore jamais fait ça devant quelqu'un, je crois qu'il ne s'en remettrait jamais.

Revenons à mon fameux cinq kilos... L'effet secondaire de l'un des médicaments était de me couper l'appétit. Je mangeais des portions normales aux repas, comme avant, mais un phénomène que j'appréciais énormément se produisait : je n'avais plus AUCUNE envie de manger des «cochonneries» (chips, desserts, bière, vin, chocolat, frites, pizza, etc.). J'ai donc réussi, pour la première fois de ma vie, à peser sept kilos sous mon poids habituel, et ce, facilement. Quand j'ai arrêté la médication, je me suis remise à avoir le goût (pour ne pas dire l'obsession) de manger tout ce qui n'est pas bon pour moi et à ressentir «l'appel du dépanneur». Dès que je faisais une longue distance en voiture, je voulais ouvrir un sac de chips, dès qu'on écoutait un film devant la télé, j'avais envie de manger du popcorn, de la réglisse, du chocolat. Et que dire du vin, le bon vin rouge que je n'ai pas bu pendant deux ans parce qu'il était incompatible avec ma médication. Quoi de meilleur qu'une bonne bouteille de rouge le samedi soir? J'ai pris cinq kilos. Je me suis mise à avoir honte, tellement honte d'avoir engraissé. Je rêvais souvent que le monde me pointait du doigt en m'humiliant :

— Elle est donc ben lâche, c'est juste une grosse torche... Elle n'a même pas été capable de garder son beau corps sexy...

— Cette fille n'a pas de volonté...

— C'est rien que ce que tu mérites! T'es pas assez bonne pour rester mince, tu vas devenir grosse, grosse, grosse...

Mes amies avaient beau me dire que ça ne paraissait pas, j'étais certaine qu'elles mentaient. J'étais convaincue que ma famille et

mes amis trouvaient *tous* que j'avais terriblement engraissé, mais qu'ils s'étaient donné le mot pour ne rien me dire, pour m'épargner. Comme vous le savez, je fais une introspection rigoureuse de mes sentiments, face aux événements de ma vie, entre autres dans mes pages du matin. Eh bien, mon poids me dérangeait tellement qu'un jour, en écrivant là-dessus, je me suis mise à pleurer. Je venais de me rendre compte à quel point j'étais sévère et à quel point je me maltraitais. La honte d'avoir engraissé de cinq kilos avait pris toute la place, alors que là où il y avait de la honte, il aurait dû y avoir de la fierté. J'aurais dû célébrer le fait de m'être libérée de ma médication, mais à la place, j'avais honte, et s'il y a une chose dont mon corps n'avait pas besoin, après tout ce qu'il avait vécu (douleurs atroces, handicap permanent, réadaptation), c'était bien de la honte.

Le fait de prendre conscience permet heureusement de renverser une situation. J'ai donc IMMÉDIATEMENT cessé de considérer ces cinq kilos comme une preuve de lâcheté et un manque de courage, pour y voir plutôt la belle femme de quarante-cinq ans, forte et en santé, que j'étais, en plus d'être l'heureuse élue qui venait de gagner cinq beaux kilos pour lui prouver qu'elle était en vie, qu'elle la savourait à pleines dents, même!

Eh oui, j'aime le bon vin, eh oui, j'ouvrirai toujours un sac de chips au ketchup quand je roulerai sur l'autoroute, eh oui, j'aurai probablement toujours ce poids et vous savez quoi? J'en suis très fière!

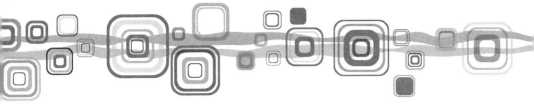

Formule 1

Je ne suis pas le genre de fille qui a des regrets dans la vie, mais si je n'en avais qu'un seul, ce serait le suivant : avoir trop attendu après les autres pour réaliser mes rêves professionnels. J'ai attendu long-temps qu'on me confirme mon talent, qu'on m'offre les conditions idéales pour mon travail, que mes enfants me laissent le temps dont j'avais besoin pour créer, que mes employeurs me donnent carte blanche pour mes projets...

Ce n'est que tout dernièrement que j'ai compris que je ne devais plus attendre, que tout ce que j'attendais des autres ne viendrait pas d'eux, mais de moi. Le jour où j'allais m'autoriser à me donner ce que je voulais en respectant mon rythme, mes préférences, mes désirs, eh bien, c'est ce jour-là, et pas avant, que les autres allaient m'emboîter le pas et me soutenir. Si je ne mets pas en œuvre mes projets, si je ne mets pas de l'avant mes rêves, personne ne le fera à ma place. Au contraire même, je me retrouverai toujours dans un contexte où on voudra me retenir pour que je ne m'élève pas trop haut.

Il y a quelques mois, j'ai écouté un reportage sur Gilles Villeneuve et on y racontait que les ingénieurs de Ferrari avaient demandé un entretien privé avec M. Ferrari en personne pour lui dire que Gilles Villeneuve abîmait toutes les voitures parce qu'il roulait trop vite

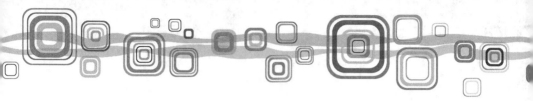

pendant les entraînements. Monsieur Ferrari, qui aimait Gilles Villeneuve comme un fils, leur a répondu :

— Construisez-en des plus solides.

Pour faire un parallèle avec toutes les femmes qui ont l'impression que leur talent n'est pas exploité comme il le devrait ou qu'il est saboté/freiné par les autres, je dirais que ce n'est pas à Gilles Villeneuve de s'adapter aux moteurs incapables d'accoter son talent, mais plutôt le contraire.

Ce reportage m'a fait prendre conscience de mon *pattern* sur le plan professionnel. Pourquoi n'avais-je jamais eu de M. Ferrari dans ma vie pour faire rayonner mon talent et aller à ma propre vitesse ? Pourquoi me suis-je toujours sentie ralentie, assise dans le mauvais bolide, ou obligée de faire croire que j'étais en panne pour ne pas contrarier les mécaniciens ? Cette prise de conscience m'a permis de faire bien du chemin (sans jeux de mots).

J'ai arrêté d'attendre que les autres m'autorisent à aller à ma vitesse, car j'ai compris que cela ne se produirait jamais, que j'attirerais toujours des gens qui voudraient que je calme mes ardeurs. Toutes les personnes clés avec qui j'ai travaillé et qui avaient le mandat de me propulser, de m'offrir les conditions pour que je rayonne et prenne ma place ont fait le contraire. Cela a été mon *pattern*, mais plus maintenant, car j'ai compris que La Vie n'attend qu'après moi pour m'offrir tout ce qu'elle a dans son *back store*. Alors, j'ai eu le courage de repenser ma vie professionnelle (pas en changeant d'orientation, mais en revoyant ma façon de travailler) et d'éliminer tout ce qui m'empêchait de me donner carte blanche.

En amour, j'avais saisi cela depuis quelques années, mais le déclic venait de se faire dans ma vie professionnelle. J'ai plusieurs rêves et je fais tout en mon pouvoir pour qu'ils se réalisent. Voici quelques exemples :

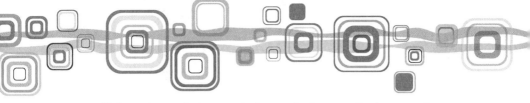

- J'ai toujours écrit en soirée, après le travail, dans un bureau ou une chambre où tout le monde pouvait entrer à tout moment. J'ai toujours pensé que c'était seulement un *side line,* que je ne pouvais pas en vivre et qu'il me fallait d'autres contrats. Mais je vous l'avoue aujourd'hui, mon plus grand rêve serait de vivre de ma plume, de continuer à écrire des livres qui seraient traduits en plusieurs langues et qui rejoindraient toutes les femmes de la planète ;

- Je rêve depuis vingt ans d'écrire un spectacle/conférence que je donnerais à travers le Québec. Les textes sont presque tous dans mon tiroir, j'ai une idée du décor, je connais le titre... J'attendais l'approbation d'un diffuseur, d'un producteur ou d'un promoteur, mais plus maintenant !

- Un autre de mes rêves se réalisera sous peu et j'ai besoin de vous, chères lectrices. Je rêve de créer ma propre émission de télévision, mon propre « magazine télé », mais puisque je n'ai pas trouvé mon M. Ferrari dans les grandes chaînes de télé, je vais créer mon émission sur le Web et elle sera financée par les femmes intéressées par ce que je leur propose. Un coût minime par année pour vous abonner, qui donnerait le droit, en prime, d'assister à une de mes conférences gratuitement dans votre région (j'en donnerais dans les huit régions du Québec pour que mon offre soit accessible à toutes).

Vous n'avez pas idée du contenu extraordinaire et unique que j'ai l'intention d'offrir par le biais de cette webtélé. Tout est déjà pensé, sur papier, mais j'attendais qu'un producteur m'appelle, j'attendais qu'on accepte mon idée à la télé traditionnelle. Plus maintenant ! On se fera ensemble une émission à notre image, à notre rythme, à notre goût, un grand réseau où nous nous rencontrerons, où nous nous reconnaîtrons. Si vous voulez en savoir davantage, je vous invite à visiter mon site Web au www.marciapilote.com et à m'écrire.

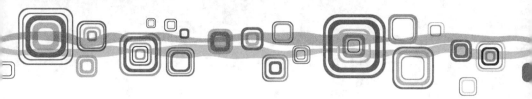

Je vous fais une confession : jusqu'à il y a quelques semaines, je ne croyais pas que mon rêve était réalisable. L'idée qu'il fallait que ça passe par les autres était trop profondément ancrée en moi, mais grâce à un travail quotidien sur moi, j'ai enfin réussi à venir à bout de cette croyance.

J'ai vécu un peu la même chose sur le plan amoureux, quand j'ai choisi de quitter Mario, après onze ans de relation. Pourquoi faire ma difficile ? C'était sûrement moi, le problème. Je ne devais pas savoir aimer, pour refuser de continuer avec un beau gars qui avait un bon salaire, était responsable, bon père de famille, avenant. Effectivement, Mario possède de très grandes qualités et je suis convaincue que plusieurs ne comprennent pas encore pourquoi j'ai fait ce choix. Il y a même des membres de sa famille qui doivent penser que je l'ai amèrement regretté. Eh bien non, je ne l'ai jamais regretté.

Au début, je me jugeais, je pensais ne pas avoir le droit de « lever le nez » sur une vie de couple que tout le monde rêverait d'avoir… tout le monde peut-être, pas moi. Ce n'était pas la vie amoureuse dont je rêvais. Certaines personnes m'ont même dit :

— Qu'est-ce que ça te donne de changer quatre trente sous pour une piastre ?

Si je change, c'est justement pour plus qu'une piastre !

Ne pas avoir le droit. Tout est là. S'autoriser. Comprendre pourquoi on pense ne pas avoir le droit. Dans les faits, on a toujours le droit. Il nous revient de voir d'où viennent ces interdits, ces lois qui nous barrent la route. Ce sont souvent des lois parentales qui nous ont été transmises, sans même qu'on en soit conscientes. Si vous êtes intéressées à en apprendre davantage sur ce sujet, je vous recommande de lire sur les constellations familiales, aussi appelées la psychogénéalogie.

En généalogie, on recherche des noms et des dates, mais en psychogénéalogie, on recherche des événements, des sentiments et des croyances rattachés aux noms et aux dates. Il arrive que l'on porte le poids d'une catastrophe survenue dans la vie de notre arrière-grand-père et que cette situation et ses conséquences ne nous appartiennent pas! Par exemple, un homme qui gagne beaucoup d'argent peut se sentir coupable d'être prospère toute sa vie et tout faire inconsciemment pour vivre dans la pénurie, tout ça parce que son arrière-grand-père fortuné a fait faillite en 1927.

Ou une femme de quarante ans peut saboter toutes ses relations amoureuses parce que sa grand-mère a renoncé au grand amour à l'âge de dix-huit ans. Ces exemples peuvent vous sembler tirés par les cheveux, mais quand on s'intéresse à la psychogénéalogie, on constate avec fascination à quel point les événements familiaux, les secrets de famille ou les écueils de nos aïeux peuvent avoir des répercussions sur notre vie et sur ce qu'on croit AVOIR LE DROIT de faire ou non!

Je me suis AUTORISÉE à lever les interdits et les lois qui m'empêchaient de croire à une vie professionnelle conforme à mes rêves. Cela ne signifie pas que je ne veux plus faire de télévision, mais je ne veux plus *jamais* qu'il y ait un intermédiaire entre vous et moi.

En attendant qu'on se retrouve dans ma communauté Web ou dans une salle de spectacle pendant ma tournée de conférences, si vous voyez une belle et rutilante voiture de course passer, envoyez-moi la main! Parce que depuis que j'ai cessé d'attendre, je suis devenue championne de Formule 1. La bouteille de champagne, je la partage avec vous. Vous ne le savez peut-être pas, mais vous êtes toutes mes Mmes Ferrari!

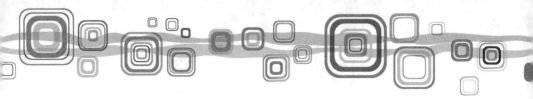

Être moi

C'est l'fun, être moi, parce que je m'aime de plus en plus. C'est l'fun, être moi, parce que plus je vieillis, plus je me trouve belle.

C'est l'fun, être moi, parce que je sais que cela n'a pas toujours été facile. C'est l'fun, être moi, parce que je n'essaie plus de me changer.

Ce que je voyais comme de gros défauts, ou ce qu'on me disait de changer, je les considère maintenant comme de grandes qualités. C'est l'fun, être moi, parce que plus je vieillis, plus je trouve ma place dans la vie.

J'aime la façon dont je prends soin de moi.

J'aime ma façon de dédramatiser les situations.

J'aime ma façon de m'accepter quand une crise d'anxiété se pointe à l'horizon. Je me dis que je suis normale et qu'en ce moment d'autres femmes sont probablement dans cette situation.

J'aime ma façon de m'aimer, souvent, longtemps et presque tout le temps.

J'aime ma façon de ne plus trop m'en mettre sur les épaules, de me consulter avant de prendre des décisions ou avant de laisser les autres en prendre pour moi.

J'aime mon désir de parler toujours des vraies affaires, de regarder les autres dans les yeux et de les trouver si uniques. J'aime quand je fais mon épicerie et que je regarde partout, sauf sur les tablettes, pour voir si je n'apercevrais pas quelqu'un que je connais avec qui je pourrais échanger, à qui je pourrais apporter quelque chose ou inversement.

J'aime ma façon de vivre ma vie, mon courage de marcher hors des sentiers battus. J'aime prendre conscience de ce que j'ai légué à mes filles, j'aime ce qu'elles me donnent en retour. J'aime m'occuper de ma filleule, des enfants de mon chum. Je savoure ces moments bénis passés avec des enfants, car c'est ce qu'il y a de plus vrai.

Même quand je pogne les nerfs, même quand je suis exaspérée, même quand je fais des sermons, même quand je boude un peu (pas souvent), je m'aime car je sais que je suis vraie.

J'aime faire ma liste d'épicerie et planifier mes menus pour nourrir toutes les personnes que j'aime. Ça me rend heureuse de les voir réunies au quotidien autour de ma grande table, en train de manger ce que j'ai préparé. Je prends souvent des photos de ces moments simples et savoureux.

Je m'aime dans ma relation avec mon amoureux, je me trouve tendre, entière, vibrante, en santé, engagée, heureuse, capable d'intimité, douée pour le bonheur.

C'est l'fun, être moi, parce que je remarque les belles choses autour de moi.

J'aime les moments passés avec mes parents, un seul à la fois ou ensemble. L'intérêt qu'on se porte, nos coups de téléphone (plus que) quotidiens. J'aime faire de petits voyages avec eux, j'aime être leur fille, j'aime les avoir pour parents et être une des quatre personnes sur terre à pouvoir les appeler « papa » et « maman ».

Je constate que je m'aime de plus en plus parce que je ne me dénigre plus, ni publiquement ni intimement. Faire de l'humour rabaissant à son endroit est une forme de maltraitance, alors je ris de mes travers en m'aimant, sans me mépriser.

J'aime prendre ma place un peu plus chaque jour sans avoir peur de prendre celle des autres. J'aime mes belles jambes qui ont arrêté de marcher pendant un long moment et qui me mènent où je veux à nouveau, maintenant. Plus lentement, mais plus sûrement, aussi.

J'aime être la sœur de Brigitte et rire aux larmes avec elle plusieurs fois par jour. J'aime partager avec elle toutes mes confidences et avoir ces moments de philosophie (bon, ces temps-ci, on parle toujours de nos adolescentes, mais ça, c'est une autre histoire...).

J'aime être moi parce que je sais comment faire vibrer ma vie en me mettant à son diapason.

J'aime être moi parce que je suis une bonne personne et personne ne peut me faire croire le contraire.

Et vous, aimez-vous être *vous*?

Aimez-vous savoir que vous êtes la seule à rire comme ça, à marcher comme ça, à cuisiner comme ça, à faire l'amour comme ça?

Êtes-vous capable de vous aimer davantage chaque jour qui passe?

Plus vous y arriverez, plus vous aurez une vie comme vous l'aimez. Je vous souhaite à toutes d'être capables d'écrire un texte qui a pour titre *Être moi* et d'avoir assez de choses à dire pour qu'il remplisse au moins deux pages!

Une peine de petite fille

Avez-vous déjà vécu une situation banale qui, en y repensant le lendemain, vous a fait pleurer pendant des heures? Le genre de situation où vous vous dites : « Voyons donc, brailler pour ça ! Je dois être vraiment fatiguée ! »

Ce n'est pas la fatigue. Et nous devons prendre pleinement conscience du sentiment de tristesse qu'est venue réveiller cette situation pour trouver l'origine de notre peine. Le problème, c'est qu'on accepte rarement d'aller au fond de cette tristesse quand elle survient. Pourtant, il faut savoir l'aimer, cette peine, l'accueillir, ne pas lui faire sentir qu'elle est de trop.

Je repense à une amie qui m'a raconté une situation vécue avec son chum qui a fait rejaillir en elle des souvenirs de maltraitance et de négligence du temps de son enfance. C'était pourtant une anecdote banale. « Je suis allée faire un tour d'auto pour pleurer, mais juste pendant vingt minutes... parce que je n'avais pas plus de temps que ça ! »

J'ai sorti un crayon et un papier et je lui ai demandé la permission de noter cette phrase dans le but de m'en servir éventuellement pour une chronique.

Elle n'est pas la seule, n'est-ce pas? Combien de fois aurions-nous voulu que ces larmes libératrices coulent? Oui, elles nous rendent mal à l'aise, mais elles sont bénéfiques. Comprendre le passé nous permet de mieux vivre notre présent.

Si je vous parle de cela, c'est que je viens tout juste de pleurer pendant deux heures. J'appelle ça «une peine de petite fille». Rien à voir avec ce que quelqu'un vient de nous dire ou de faire, mais plutôt avec ce que cela est venu faire résonner en nous. Si on s'accorde le temps d'accueillir cette «peine de petite fille», on pourra peut-être pleurer pendant deux heures. On aura des yeux de grenouille et on ne voudra plus sortir. On trouvera peut-être qu'on exagère et on se dira:

— Ressaisis-toi!

— Voyons donc, fais-en pas tout un plat...

— T'es donc ben bébé!

— Coudonc, es-tu en dépression?

Il y a longtemps que je ne me répète plus ces phrases, quand je pleure. Je me dis au contraire:

— Oui, Marcia, tu as beaucoup de peine. Qu'est-ce que ça t'a fait, exactement, ce qui est arrivé?

Et là, je me remets à pleurer. Un cahier et un crayon sont très utiles, dans ces moments-là. J'écris pêle-mêle mes pensées et, après quelques lignes, je finis par mettre le doigt sur ce qui m'a affectée.

Je sais que vous avez des peines de petite fille encore à l'âge adulte. Et que vous n'avez peut-être pas pris le temps de les considérer, croyant qu'il s'agissait de caprices d'enfant gâtée. Je veux que vous sachiez qu'il est IMPORTANT de prendre soin de ces peines. Elles nous permettent de devenir de plus en plus libres, elles nous donnent de l'énergie, de l'assurance, de la solidité et une confiance

immense en la vie. Curieusement, ces moments comptent parmi les plus beaux et les plus émouvants de ma vie d'adulte. Des moments où la petite fille en moi vient me visiter. Je peux la prendre dans mes bras, lui dire combien elle est grande, cette belle petite, et lui signifier à quel point j'ai besoin d'elle. Je l'invite à sortir de l'ombre, à m'aider dans ma vie d'adulte. Si vous pouviez voir son sourire, ses beaux yeux bleus pétillants, son regard rempli de gratitude qui me dit :

— Merci de me permettre d'exister encore, grande Marcia. Je m'ennuyais tellement, toute seule dans mon coin. Merci de m'inviter dans ta vie d'adulte. Je sais que je peux t'aider, que tu ne m'as pas oubliée. Merci de laisser couler ces larmes qui formeront des rigoles pour que, justement, on puisse rigoler ensemble. Tout comme moi, tu aimes encore ça, rigoler, même si tu approches de la cinquantaine. Avoir le fou rire, déplacer de l'air, croire que tout est possible...

Je ne veux pas me vanter, mais c'est un peu grâce à moi, car je suis toujours là, quelque part en toi, avec mes deux couettes blondes. Toujours là à attendre que tu me fasses signe pour venir jouer, pour oublier le temps, pour vivre le moment présent, sans penser à l'avenir, aux comptes à payer (tu sais Marcia, quand on est enfant, on n'en a pas, de comptes à payer !), sans penser à ce qu'il faut préparer pour le souper (on se trouvera bien quelque chose à manger !). J'aime que tu m'invites à jouer avec toi dans ta belle grande vie de madame.

Je sais bien qu'avant qu'on puisse jouer ensemble, il y a toujours cette période qui dure habituellement deux heures, remplie de centaines de larmes qui coulent et qui font des taches dans ton cahier. Tant que tu pleures, tes yeux sont remplis d'eau et tu ne peux pas me voir, assise devant toi. Ce n'est que quand les larmes ont cessé de couler que tu ouvres tes yeux et que tu peux vraiment me regarder. Et ça, madame Marcia, c'est toujours un très très grand moment. Merci.

Adèle et Aline

Je garde précieusement une photo dans mon ordinateur. Elle n'est pas imprimée, car je ne serais pas capable de l'avoir sous les yeux constamment sans pleurer. J'aimerais tant vous la montrer... C'est l'une des plus belles et émouvantes photos que j'ai vues dans ma vie.

Sur cette photo, il y a Aline et Adèle. Aline, c'est la grand-maman paternelle d'Adèle. Elles sont assises sur le lit d'hôpital d'Aline, quelques jours avant sa mort. Adèle est belle comme une fleur, elle sourit tristement. Avez-vous déjà vu un sourire triste sur le visage de votre enfant? Ça crève le cœur. Et Aline, qui ne sourit pas du tout. Elle savait qu'elle allait mourir (tumeur au cerveau) et elle était en colère. Je n'étais plus très proche de mon ex-belle-mère, mais pour ma fille, c'était différent. Et je trouvais formidable que ce soit elle, en grande partie, qui l'ait accompagnée pendant ses derniers jours.

Aux funérailles, quand ma fille s'est approchée du micro pour lire l'hommage qu'elle avait écrit, je ne m'attendais pas à vivre autant d'émotions. J'étais assise à côté de ma mère et nous nous tenions la main en écoutant Adèle qui, ce jour-là, avait auprès d'elle ses deux grands-mères pour la dernière fois : l'une assise, l'autre couchée pour son dernier repos.

Je regarde souvent la photo, j'ai relu quelques fois son hommage. Avec la permission d'Adèle, je vous en fais cadeau.

Hommage pour Aline Jalbert Babin, lu le 23 décembre 2011

Ces derniers jours, ces dernières courtes semaines, les proches d'Aline, dont moi, sa petite-fille, avons assisté de près aux derniers moments de sa vie. Quand on sait que quelque chose va se terminer, c'est toujours très triste. C'est toujours très triste, mais en même temps toujours tellement précieux. Chaque petit moment des dernières semaines partagées avec Aline restera dans notre mémoire, gravé dans notre cœur.

Dans des moments comme celui-ci, on se rend compte que, naturellement, de manière fluide, tout l'amour sincère qu'on a reçu enfant et qu'on absorbait comme une petite éponge se redonne, se retransmet sans effort, sans penser, juste pour le plaisir de donner, de partager, de prendre soin, d'aimer.

À chaque repas que j'ai donné à Aline dans les dernières semaines, je repensais aux innombrables comptines qu'elle m'a chantées durant des heures, en se berçant à côté de mon lit d'enfant. Avec ma piètre mémoire, je me souviens seulement de la poulette grise dans l'église et de la blanche dans la grange... Mais je me souviens de sa patience, de sa présence à travers chaque refrain de ses chansons. À chaque page lue pour elle, assise sur son lit d'hôpital, je me suis rappelé les tartines au Nutella, les bains donnés, les petites robes achetées. Je suis certaine que chaque aller-retour que Jacques, Chantal et Jacinthe ont fait, que ce soit de New York, de Boucherville ou de Magog, était rempli de leurs propres souvenirs, de la douceur de cet amour maternel qui se redonne, naturellement, avec plaisir.

147

Il est certain qu'il m'est plus aisé de parler de moi, ou plutôt de ma relation avec Aline. Nous étions une belle paire, une belle équipe comme on l'a toujours dit. Étant la première petite-fille – la deuxième, Megan, est arrivée onze ans plus tard –, j'ai bénéficié de l'attention, du temps et de la présence de mes grands-parents de façon privilégiée et intime pendant de belles longues années.

Je ne vous parlerai pas de tous les détails, de toutes nos longues conversations sur la vie, de toutes nos escapades en traîneau ou en ski de fond, de toutes nos découvertes dans la mer en Gaspésie, mais je vous assure qu'aujourd'hui, dans ma vie de jeune femme qui découvre le monde, la curiosité d'Aline, sa soif de voir, de savoir, ses opinions et sa détermination m'inspirent et m'animent, m'accompagnent dans chaque étape de ma vie.

Depuis trois ans, je voyage énormément pour mes études et les stages. Du haut de mes vingt-quatre ans, j'en ai vu des endroits et, chaque fois, je savais que ma grand-mère y était passée et que, avant d'y venir, elle avait tout lu sur le pays, ses villes, ses villages, sa culture, ses traditions. Je savais aussi que moi, j'avais la chance d'y être pour mes études, mais qu'elle, elle avait dû compter ses sous, faire un budget et des sacrifices, pour voyager. Je me sentais privilégiée et reconnaissante de repasser dans les pas de ma grand-mère, des dizaines d'années plus tard. Je me sentais encore plus choyée de pouvoir, par la suite, partager mes souvenirs avec elle lors de nos rendez-vous hebdomadaires, que je n'ai jamais manqués ou presque. Que je me sois trouvée en Afrique ou en France, que ce soit par l'entremise d'un Skype de très mauvaise qualité, par téléphone ou encore confortablement assise à ses côtés, album photo à l'appui, thé à la main, nous échangions

pendant des heures sur nos voyages, nos expériences, nos impressions respectives, sur la vie et sa grandeur.

Durant ces voyages, moi qui aime l'écriture, je me suis mise à tenir un journal que j'ai décidé, au bout de quelques récits, de recopier à l'ordinateur afin d'offrir une version imprimée à Aline, elle qui aimait tant lire. Maintenant, ce recueil – qui n'était destiné qu'à divertir mes grands-parents et partager mes voyages avec eux – est plutôt devenu pour moi, grâce à l'intérêt qu'Aline lui manifestait, un projet de livre à concrétiser dans un proche avenir. Chaque page que j'écrirai, chaque faute que je corrigerai, chaque détail que j'ajouterai me feront penser à ma grand-maman et à ses yeux illuminés lorsqu'elle écoutait et lisait mes récits d'aventures.

Parlant de réalisation, je me permets de vous dire que mardi dernier j'ai été reçue comme avocate. Vingt-quatre heures seulement après qu'Aline nous eut quittés. Je sais que ma grand-mère, si elle avait vécue à mon époque, aurait elle aussi fait des études supérieures, car elle avait les capacités intellectuelles et la détermination pour y parvenir. Alors mardi dernier, quand je fus reçue officiellement en tant que Mᵉ Pilote-Babin, je peux vous dire que j'ai eu une pensée plus que spéciale pour ma grand-mère, que j'aurais vue à ma place, fière et ricaneuse, diplôme en main. Je l'ai même remerciée d'avoir gentiment douté de moi, un jour, pendant ce long processus académique. Je vous raconte l'anecdote qui est devenue un running gag cocasse entre nous. Vous connaissez Aline, elle disait tout ce qu'elle pensait. Un jour, mon père Jacques et moi étions allés manger chez elle et elle nous a avoué qu'elle n'osait pas dire à ses copines d'aérobie de l'âge d'or que sa petite-fille étudiait le droit à l'étranger, de peur que tout ça ne soit qu'un coup monté. Selon elle, mes fréquentes

escapades outre-mer auraient pu cacher des échecs que j'aurais eus ici. Elle a même souligné que mon père ne dirait certainement pas le contraire, protégeant sa fille unique. Son doute n'était pas méchant, mais c'était Aline: fière, un peu compétitive, voulant toujours le mieux, les plus belles réussites pour les gens qu'elle aimait. Eh bien, ce petit clin d'œil a été un défi continu, pour moi, et à chaque étape que j'ai trouvée plus difficile lors de mes sessions d'examens, j'ai pu m'encourager en me disant que, de toute façon, je n'avais pas le choix de rapporter un diplôme à ma grand-mère pour qu'elle me croie, finalement, au bout de ces cinq années d'efforts!!! Ma belle grand-maman, je n'aurais pas eu le temps de faire laminer fièrement mes diplômes, mais tu débutes ma carrière avec moi, dans mon cœur, comme source de motivation et de défi quotidien qui me pousse vers la réussite et l'accomplissement.

Aline a eu une belle vie. Pas toujours facile, mais avec son sens de la débrouillardise, sa détermination, son sens de la gestion, sa loyauté, sa disponibilité, ses valeurs, sa rigueur, sa volonté et son sens de l'économie, entendons-nous pour dire que si le premier ministre lui avait confié le ministère des Finances, l'économie ne s'en porterait que mieux, parce qu'avec Aline, on le sait, aucun gaspillage! Un budget rigoureusement géré avec lequel on peut faire beaucoup. C'est grâce à toutes ses qualités et ses capacités qu'elle a su se créer une belle vie à son image. Une vie remplie de découvertes, de voyages, de spectacles, de culture, de lectures, de fêtes, de danse, de sport, de famille, d'amitié durable, d'amour et de complicité avec son mari. Ils ont eu trois beaux enfants qui ont réussi à merveille. Cinq petits-enfants qui auront des souvenirs drôles, doux, frais, longs et vrais de leurs grands-parents tellement impliqués. Une belle grande famille unie qui, plusieurs fois par année, se retrouve. Elle a placé ses priorités, la belle Aline. Oui,

ça l'a conduite au surmenage, à une gestion très pointue que d'autres appelleraient « contrôle », à une franchise désarmante, à être économe, mais on peut dire qu'elle part la tête remplie d'images, de souvenirs, le cœur rempli d'expériences, et qu'elle nous laisse avec le désir d'en faire autant.

Aline ne parlait pas, dans les dernières semaines. Nous étions sa voix. Elle avait besoin de se faire parler de ce qui se passait dehors, de la température, de grand-papa, des enfants. De ses enfants pour qui elle s'est toujours inquiétée. Elle avait besoin de savoir que même sans elle, leur vie, notre vie à tous, continuerait, que nous irions bien. Elle avait besoin de se faire rassurer, de se faire tenir la main, de se faire dire « je t'aime ». Besoin de savoir que l'on prendrait soin de Paulo, que l'on penserait à elle. Besoin de se faire flatter la joue, de parler de sa vie, de ses voyages, de son rôle de mère, de femme, de grand-mère. Aline, notre moulin à paroles, nous a quittés sans pouvoir nous parler, sans pouvoir rien dire. Certes, nous avons vu son regard puissant et profond, qui dénotait parfois une grande tristesse, parfois une peur immense, parfois un doux amour et parfois une simple et belle sérénité. Certes, il y a eu les hochements de tête, sa main qui serrait les nôtres, mais pas de mots, pas ces mots qui avaient toujours rempli sa vie, entre autres grâce aux livres. Notre belle Aline, un peu nerveuse, qui calmait ses peurs par la parole. Nous resterons toujours avec ces questionnements : comment se sentait-elle durant ce mois sans parole, sans mobilité, sans autonomie ? Comment se sentait-elle face à la conscience de la fin, face à la douleur de ses proches ? Mais je suis certaine — et je crois que vous l'êtes aussi — que l'amour dont nous l'avons entourée, nos pensées, nos prières, notre présence, les soins géniaux qu'elle a reçus à la Maison de soins palliatifs Source Bleue, lui auront au moins mis dans la bouche — parmi les

cent autres mots par minute qu'elle aurait débités – les mots
« amour », « merci » et « reconnaissance ».

On fait trop souvent confiance à l'ordre naturel des choses.
Naïvement. Aline et moi disions tout le temps que lorsque
grand-papa Paulo, plus âgé, nous quitterait, nous partirions
toutes les deux faire le tour du monde pour découvrir les
saveurs d'ailleurs. La vie en a décidé autrement.

Une chose est certaine, nous garderons tous en souvenir
la force, la détermination, le courage, l'humour et la volonté
de vivre d'Aline.

Toutes dans le même bain

Je n'ai jamais dit ça à personne, ni à un homme, ni à mes sœurs, ni à mes enfants... Non, je n'ai jamais dit à personne : «J'ai besoin de toi.»

J'ai dit «je t'aime», «je t'apprécie», «j'aime être avec toi», mais jamais «j'ai besoin de toi»...

Avoir besoin de quelqu'un veut dire que, sans cette personne, je suis démunie, que ma vie ne vaut pas la peine d'être vécue, que je me sens incomplète, seule...

Eh bien, à vous, chères lectrices, je le dis sans gêne : «J'ai tellement besoin de vous!»

Je vous ai déjà dit, dans une précédente chronique («Depuis que vous êtes dans ma vie[1]»), tout ce que vous avez changé dans ma vie depuis le début de cette aventure d'écriture, mais je crois que je ne vous ai pas assez parlé de ce que vous changez *quotidiennement* dans ma vie.

J'ai un contact direct avec vous plusieurs fois par semaine, que ce soit par le biais de vos courriels ou encore lors d'une rencontre

---

1. *La vie comme je l'aime – Chroniques du printemps*, Boucherville, Éditions de Mortagne, 2011.

à l'épicerie, au restaurant ou ailleurs. Quand vous me parlez ou m'écrivez, j'ai l'impression qu'on se connaît depuis longtemps. Quand vous me dites qu'après avoir lu une chronique, vous avez réussi à changer un aspect de votre vie, quand vous me confiez vos états d'âme, des choses si intimes, je me sens privilégiée et j'ai l'impression que ma vie a un sens. Comme si vous m'aviez choisie pour mettre en mots votre douleur, votre joie, pour partager ce qui fait que vous êtes cette femme-là, si fragile et si forte à la fois. Je pleure presque chaque fois (même là, en vous écrivant, je pleure encore) d'une émotion que je n'ai ressentie avec personne d'autre.

Depuis que vous êtes dans ma vie, toutes mes joies, mes peines, mes difficultés, je les vis avec vous. J'ai rassemblé vos courriels dans cinq gros cahiers boudinés, et je les parcours avant chaque session d'écriture. Vous faites maintenant partie de ma vie. Ma vie si belle, si grande et parfois si difficile. Ma vie si grandiose, si vaste et parfois si étroite. Je sais que nous sommes toutes dans le même bain, je sais que nous voulons toutes la même chose au fond de nous. Je sais qu'on se démène souvent pour les autres, pour notre travail, pour nos amours, nos parents et qu'on s'oublie souvent. Le fait de vous savoir là me permet de ne pas m'oublier. Je sais aussi (parce que vous me l'avez répété) que vous ne voulez pas que nos rendez-vous cessent, alors j'écris.

Même si je crois parfois avoir tout dit et que vous savez tout de moi, des étapes importantes de ma vie, de mes enfants, de mes amours, de ma carrière, de ma famille, de ma philosophie, de mes épreuves, je me rends compte que l'essentiel n'est pas dans ce que je raconte. Je crois que vous voulez un contact avec moi, par le biais de mes réflexions et de mon humour, comme avec une amie dont on connaît le parcours, mais dont on prend plaisir à découvrir comment elle vit au quotidien, comment elle grandit jour après jour.

J'ai envie de savoir comment ça se passe dans vos cœurs. Ce que vous trouvez difficile, avec vos enfants, vos frères, vos sœurs, vos parents, vos ex, vos amoureux. Pas pour qu'on s'apitoie, mais pour

qu'on puisse se dire les vraies affaires, pour qu'on ne se sente plus seules au monde, et ce, même si on a de beaux enfants, une belle maison, de l'argent. J'ai tout ça et il m'arrive encore d'avoir de la peine. J'ai tout ça et il m'arrive souvent de me poser des questions, de «travailler» sur un aspect particulier de ma vie. J'ai tout ça et il m'arrive de me sentir coincée dans un *pattern* amoureux, familial ou professionnel. Et je crois que c'est ce qui rend ma vie aussi belle.

Je l'avoue, j'ai encore très peur parfois. Il m'arrive de faire des crises d'anxiété, Je ne suis pas plus à l'abri que vous. Mais vous savez quoi? Je ne voudrais pas que ça s'arrête, car le jour où je n'aurai plus peur, où je ne ressentirai plus de vertige face à la vie, je n'aurai plus envie d'aller plus loin.

C'est ce qui me relie à vous, mes belles. Vous avez envie d'avancer, je le vois dans vos yeux quand on s'arrête cinq minutes pour jaser, à l'épicerie. On se reconnaît, on se regarde, on est contentes de se savoir là. On ne se reverra probablement jamais, mais on s'est vues, on s'est touchées et personne ne peut nous l'enlever.

Quand je vivais des moments difficiles, vous m'avez aidée à garder espoir. Je relisais vos courriels et je me sentais soutenue. Je me disais qu'après avoir réussi à passer au travers, j'allais vous en parler, j'allais partager cette expérience avec vous. Souvent, la nuit, seule dans ma petite maison de Gatineau, en pleine crise d'hypocondrie, je pensais à vous et c'est ce qui me permettait de retourner dormir la paix au cœur. Tous ces courriels que vous m'avez fait parvenir... Une mère qui vient d'apprendre que son enfant est trisomique, une femme qui se retrouve chef de famille monoparentale avec quatre enfants, une autre qui vient de perdre l'amour de sa vie, le père de ses enfants... Sylvie, Geneviève, Lorraine, Ginette, Lise, Audréanne, Guylaine, Francine, Judith, Carole, Isabelle, Yim... je pourrais remplir cette page de vos prénoms, mes belles.

Si courageuses, si humaines, si humainement courageuses. Merci d'être dans mon bain. Toutes dans le même bain!

Un si grand amour

C'est bizarre, mais on dirait que je suis plus consciente de l'amour que j'avais pour vous quand vous étiez petites, maintenant que vous êtes grandes.

Comprenez-moi bien, je vous aimais autant, mais on dirait que je n'avais pas la maturité pour gérer un si grand amour. Je le vivais dans le quotidien, en passant beaucoup de temps avec vous, en « aménageant ma vie » en fonction de la vôtre, en profitant de votre présence au maximum, mais je ne mesurais pas à quel point vous alliez être les amours de ma vie. Chaque fois que je vois une mère ou un père avec un jeune enfant, je prononce toujours la même phrase : « Profitez-en ! » Cette phrase ne sort pas de la bouche d'une mère qui regrette de ne pas en avoir profité, elle, loin de là. Elle est dite par une femme qui est TELLEMENT heureuse d'avoir aménagé sa vie pendant plus de vingt ans pour être capable de recevoir ce si grand amour, un amour qu'on ne peut pas savourer en courant, mais seulement en marchant lentement. Avec le recul, je peux dire qu'avoir des enfants est un privilège parce qu'il n'y a personne d'autre au monde qui nous offrira le cadeau de voir quotidiennement un être humain franchir les différentes étapes de la vie. Et c'est le plus merveilleux des spectacles.

Qu'est-ce que ça signifie, en profiter ? Être présente à la maison, ne pas vous faire garder souvent, concentrer mes périodes de travail

le soir et le samedi. Vous pouvez me répondre : « Oui, mais toi c'est pas pareil, tu avais le choix ! »

Le choix de quoi ? De ne pas aller dans le Sud chaque année comme la plupart de mes amies ? Le choix d'avoir une vieille voiture ? Le choix de me sentir très marginale et retirée du monde extérieur ? Oui, c'est vrai, je pouvais faire ce *choix*, comme plusieurs personnes.

Je vous ai TELLEMENT aimées, mes belles filles, et c'est aujourd'hui que je m'en rends compte. Quand vous étiez petites, je savais que cet amour puissant me transportait et me faisait accepter mes choix plus difficiles, plutôt que de rentrer dans le rang, dans la norme.

Je savais que ces moments-là ne repasseraient plus.

Même si mes amies avançaient dans leur carrière et que je stagnais dans la mienne, je savais que c'était la bonne chose à faire. Je savais que si je ne le faisais pas, j'allais le regretter toute ma vie.

J'ai souvent l'occasion de discuter avec des jeunes femmes dans la trentaine qui se sentent terriblement coupables de faire garder leurs enfants et j'avoue que je ne comprends pas... Je ne comprends pas pourquoi elles ne « brainstorment » pas avec leur conjoint pour trouver une solution qui pourrait les satisfaire.

Leur budget serait plus « serré », c'est certain, mais elles seraient riches en temps et en vie familiale de qualité. Pas de voyages, de vêtements neufs ou de voitures neuves, mais la satisfaction d'être à la bonne place, au bon moment. La plupart des femmes que je connais se sentent obligées d'être sur le marché du travail tout en ayant de jeunes enfants à la maison. Quand les enfants vieillissent et vont à l'école, c'est une autre histoire, mais qu'est-ce que c'est, cinq ans, dans la vie d'une personne ? Surtout quand on sait que ces cinq

années feront une énorme différence sur le développement à long terme de son enfant. Je dis cinq ans, mais ça pourrait être trois ans avec la mère, deux avec le père, ou vice-versa. Il y a toutes sortes de formules possibles, il suffit de les envisager.

Ce n'est pas le monde du travail qui va vous l'offrir et ce n'est pas non plus la société qui vous y encouragera, alors il faut inventer son propre modèle. Il faut surtout se libérer de la peur de « passer à côté de quelque chose », comme une occasion de carrière. Vous regretterez d'être passée à côté de vos enfants parce que, justement, leur enfance ne repassera pas deux fois! Une promotion, une augmentation de salaire, il y en aura toujours, mais les premiers pas, les premiers mots, la première sortie au parc, ça n'arrive qu'une fois.

Je ne suis pas en train de dire que tout le monde devrait vivre à ma manière, je dis seulement que tous les parents qui désirent le faire n'ont aucune raison de s'en priver. On peut toujours y arriver, mais il faut faire taire ses peurs et, surtout, ignorer l'opinion et le jugement des autres. Tant qu'on n'envisage pas ce rêve comme étant possible, on reste coincées dans une prison en se sentant affreusement seules. Les même pensées nous traversent l'esprit : « Je ne veux pas vraiment travailler à l'extérieur, mais je ne veux pas non plus me sentir *loser* de rester à la maison... J'ai plus de valeur si je suis sur le marché du travail... »

Oui, mais êtes-vous plus heureuses ???

Pensez aux cinq prochaines années, à ce que ça rapportera à tout le monde à long terme, et si vous décidez de faire le choix de rester à la maison, soyez assurées que la vie vous soutiendra à 100 % et que tous vos besoins seront comblés. Je ne parle pas des besoins matériels, mais de ceux de votre âme et de ceux des membres de votre famille.

Mes belles filles, comme je me suis sentie privilégiée de vous voir grandir, d'être là, avec vous, à tout moment du jour, à tout vous apprendre sur la vie et sur vous. C'est vrai que je n'ai pas toujours trouvé ça facile, parfois je vous aurais offert en forfait deux pour un à un couple sans enfants de mon entourage. Parfois j'avais l'impression de passer à côté de ma vie, car il n'y a rien de plus ennuyant que de décrotter un bol de gruau collé depuis la veille, de moucher un nez aux trente minutes ou de se faire lancer une botte d'hiver en pleine face parce que notre enfant ne veut pas s'habiller.

Mais de vous voir en pyjama, un mardi à 10 h 30, en train de couper des légumes en chantant des chansons, de voir le plaisir dans vos yeux de cuisiner avec moi, de lire dans le bain en plein après-midi, de découvrir la vie, d'inventer chacune de vos journées, de faire plaisir aux autres, il n'y avait rien de plus précieux. À trois ans, je me souviens qu'une de tes sorties préférées, Madeleine, était d'aller voir ma grand-maman au CHSLD. Je te faisais monter debout sur une table et tu chantais des chansons à tous les p'tits vieux. C'était magique! Ce que tu aimais par-dessus tout, c'était ta «paye»: à la fin de ton récital, tout le monde te donnait des bonbons!

Je pourrais raconter des milliers de moments magiques de ce genre; des conversations, des réflexions, des massages, des disputes, des échanges après les disputes, des bricolages, des expéditions, des rires et des chansons.

Et c'est aujourd'hui que je prends conscience du dénouement heureux de mes choix, quand je vous vois ensemble, mes belles grandes filles de vingt-six et seize ans, quand je passe du temps avec vous et que je retrouve dans vos yeux la même lumière, le même pétillement que quand vous étiez petites. Je suis si fière d'être avec vous, de vous tenir la main pour traverser la rue (même à l'âge adulte, vous tenez encore à le faire et ça me surprend toujours), fière de ce que vous êtes devenues, mais encore plus fière d'y avoir assisté.

On va encore en vacances chaque année, entre filles, dans mon vieux *camper*, juste pour le plaisir d'être ensemble. Vous riez de moi quand je parle anglais avec mon accent, vous me dites d'arrêter de prendre des photos de vous sur la plage en bikini, vous me posez des questions sur la vie, on rit, on pleure, on se fait des séances de visionnement de nos photos dans le *camper*, le soir venu, couchées les unes sur les autres, on se fait cuire des guimauves, on se fait du bien, on se fait des réserves de souvenirs pour les moments où on se verra moins. Puis vous me demandez à tour de rôle :

— Est-ce que tu aimes mieux Madeleine ?

— Est-ce que tu aimes mieux Adèle ?

Et je vous réponds que je n'aime ni l'une ni l'autre en riant.

On se colle et on chante des chansons, des chansons de votre enfance.

Et vous êtes encore mes petites, mes si belles petites filles.

Adèle (21 ans), Madeleine (11 ans) et moi.

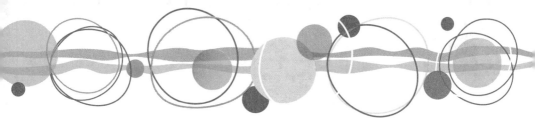

Pareilles comme nos mères

Plus on avance en âge, plus certaines vérités nous sautent au visage. Dernièrement, j'ai eu une de ces révélations : en vieillissant, les comportements de ma mère qui m'ont toujours tapé sur les nerfs deviennent MES comportements ! Je fais la même chose qu'elle (parfois en pire) sans m'en rendre compte ! On est pareilles comme nos mères, qu'on le veuille ou non. Vous me répondrez peut-être qu'à votre âge, votre mère avait l'air d'une p'tite vieille. Je ne parle pas de l'apparence physique, car il est vrai qu'à ce titre les choses ont bien changé. Quand je regarde des photos de ma mère à quarante ans, je ne veux pas l'insulter, mais elle a l'air d'en avoir cinquante-cinq... Une simple question de mode et de « recours esthétiques ».

Observez-vous attentivement et vous verrez que sur le plan des habitudes, des réflexes, force est d'avouer que vous avez hérité de votre mère. Bien entendu, il y a certaines manies qu'on s'est juré de ne jamais répéter, comme mouiller son pouce avec de la salive pour nettoyer la bouche des enfants. Ça m'écœurait tellement de voir ma mère le faire que je me suis juré de ne pas l'imiter et j'ai tenu parole, et je continuerai avec mes petits-enfants ! Même quand je n'avais plus de lingettes humides à portée de main et qu'une de mes filles avait de la crème glacée du menton jusqu'au front, JAMAIS je ne l'ai fait.

Mais sinon, il y a toute une panoplie de manies qui se sont infiltrées en moi, insidieusement.

MANIE N° 1: LA VIE QUOTIDIENNE EN CHANSONS

Ma mère chantonne toujours un air musical, inspiré des derniers mots qui viennent d'être prononcés autour d'elle. Chaque fois qu'on dit quelque chose, elle reprend le dernier mot de notre phrase et chante une chanson.

Par exemple:

Moi: «On revient d'une fin de semaine de camping, j'ai une tonne de linge à laver!»

Ma mère: « ♫ Lavez, lavez, tout ce que vous voulez, lavez, lavez... ♫ » (Martine St-Clair)

Moi: «C'est dimanche, y a plein de monde qui se balade...»

Ma mère: « ♫ Je vais te chanter la ballade, la ballade des gens heureux! ♫ » (Gérard Lenorman)

Moi: «Ce manteau-là, est-ce qu'il est noir ou gris?»

Ma mère: « ♫ Ni tout à fait noir ni tout à fait blanc... ♫ » (Richard Séguin)

Moi: «Si vous v'nez pas vous asseoir à table, moi j'mange quand même!»

Ma mère: « ♫ Y en a qui regardent la TV, moi j'mange! ♫ » (Angèle Arsenault)

Moi: «Du beau soleil comme ça, c'est bon pour le moral!»

Ici, observez bien, on a droit à une double performance:

Ma mère: « ♫ Oh! Soleil, soleil, soleil, leil, soleil, soleil... ♫ » (Nana Mouskouri) « ♫ C'est bon pour le moral, c'est bon pour le moral! ♫ » (Compagnie Créole)

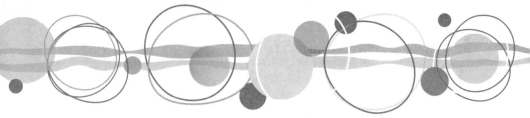

Dites n'importe quel mot à ma mère, elle peut trouver un refrain de chanson sur-le-champ. Et si jamais elle n'en trouve pas, elle va en inventer un! Je ne suis pas encore rendue à ce stade-là de sa manie, mais ça s'en vient. Encore quelques années d'entraînement...

Manie n° 2 : répéter deux fois pour l'estomac

Quand ma mère parle de nourriture, elle répète toujours le nom de l'aliment.

- Je vais me faire chauffer une soupe, soupe.

- Je vais éplucher une belle pomme, belle pomme.

- Veux-tu encore du bœuf bourguignon, bœuf bourguignon?

Comme s'il existait une loi secrète qui stipule que tout ce qui se mange doit être prononcé deux fois pour s'assurer que les autres sachent ce qu'il y a dans leur assiette!

Manie n° 3 : converser avec des étrangers qui n'en ont rien à faire

Une autre habitude fatigante (pour les autres) : à l'épicerie, je raconte ma vie aux caissières. Si je dis que je vais payer en argent, mais que je ne trouve pas mon portefeuille en fouillant dans mon sac à main, j'explique à la caissière que c'est parce que je n'ai pas pris le bon sac, que mon argent et ma carte de guichet sont dans l'autre et que, heureusement, dans ce sac-là, je garde toujours deux billets de vingt dollars au cas où, dans une petite pochette. La caissière, franchement, elle s'en SACRE!!! En plus, quand j'étais jeune, je me souviens à quel point ça me gênait que ma mère fasse ça.

C'est plus fort que moi. Si j'achète des jarrets de veau pour faire un osso buco, il *faut* que je raconte à la caissière pour qu'elle occasion je le cuisine, qui je reçois à souper, ce que je fais comme entrée, etc. Elle n'est visiblement pas intéressée, mais j'ai besoin d'en parler.

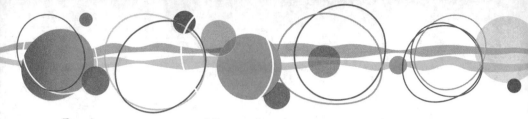

Pendant ce temps, mes filles roulent les yeux à côté de moi et rêvent d'avoir un sac en papier à se mettre sur la tête... tout comme moi quand j'étais enfant!

La prochaine fois que mes filles vont me signifier qu'un de mes comportements les énerve, je saurai quoi leur répondre! Je vais leur dire que, plus tard, elles seront exactement comme moi, qu'elles auront hérité de mes manies. Et des manies, j'en ai peut-être plein d'autres qui vont surgir seulement après la cinquantaine... C'est pas fini!

« ♫ Et c'est pas fini, c'est rien qu'un début... ♫ »

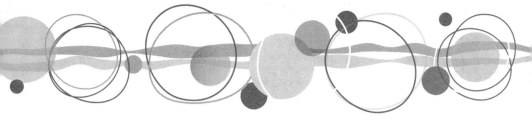

On se garde une ptite gêne...

Il y a longtemps que j'ai envie de partager avec vous ma vision des choses concernant un aspect de la vie conjugale qui pourrait avoir des conséquences sur le désir sexuel dans le couple. Si je n'ai rien écrit sur ce thème avant, c'est que je le trouve un peu superficiel, mais aussi un peu tabou. Sauf que plus j'y pense, plus je crois qu'il faut lever le voile sur ce phénomène qui gagne du terrain de jour en jour.

J'ai quarante-six ans et la vie conjugale, ça me connaît:

- Cinq ans avec Jacques, le père d'Adèle;
- Onze ans avec Mario, le père de Madeleine;
- Sept ans (jusqu'à maintenant) avec Cœur Pur.

On peut donc parler ici de vingt-trois ans de vie intime avec l'Homme. Et je ne compte pas mes relations précédentes! Eh bien, en vingt-trois ans, je ne me suis jamais permis de «familiarités» qui peuvent «tuer le couple»!

Vous me voyez venir? Par familiarités j'entends: ces bruits, ces gestes, ces odeurs, ces réflexes, ces habitudes, tout ce qu'on fait seule

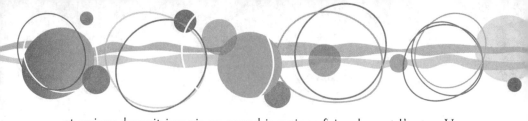

et qui ne devrait jamais au grand jamais se faire devant l'autre. Vous voulez des exemples?

- Se curer tout ce que vous pouvez imaginer : les oreilles, les dents, les ongles, les narines et j'en passe. Cela devrait rester un acte personnel, fait dans un lieu où l'on peut ne peut être vu !!! Incroyable le nombre de personnes qui se croient seules au monde dans leur voiture, arrêtées à un feu rouge...

Petit défi : pendant une semaine, chaque fois que vous vous trouverez à un feu rouge, observez l'intérieur des autos qui vous entourent. Une fois sur trois, vous y verrez quelqu'un en train de se curer un orifice. C'est ÉCŒURANT !!! On regarde la personne faire « son grand nettoyage » et on se dit : « Y m'semble qu'elle pourrait attendre d'être chez elle... » J'ai remarqué que cette habitude semble plus ancrée chez les hommes que chez les femmes. On peut donc se dire que si quelqu'un fait ça dans sa voiture, imaginez ce qu'il se permet de faire dans l'intimité de son foyer, devant sa conjointe...

En couple, il y a déjà les bruits qu'on ne contrôle pas (flatulences et ronflements la nuit, par exemple, quand on est endormies), alors de grâce, soyons attentives à ceux qu'on peut contrôler. Si on a besoin de cracher, de péter ou de se soulager les pores de peau parce qu'un comédon y a trouvé refuge, faisons-le en solo, dans un lieu fermé.

J'ai une amie qui m'a raconté que son « gros fun », en couple, était d'extraire les points noirs du dos de son chum. Elle lui fait prendre un long bain, dans de l'eau très chaude pour que sa peau soit plus souple, et là, le party peut commencer !

Juste à imaginer le dos de son chum (que je sais très poilu, car je l'ai déjà vu dans ma piscine !) et mon amie qui explore ladite forêt dense à la recherche du fruit mûr avec sa lampe frontale (je n'invente rien, elle m'a avoué l'avoir achetée pour l'occasion...), ça me donne des boutons ! (D'ailleurs, faudrait pas que je le dise trop fort, mon amie va « retontir » avec sa lampe !)

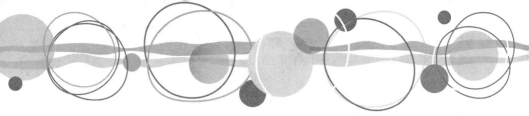

L'autre jour, j'ai vraiment fait rire de moi pendant un souper de filles. J'ai raconté à mes amies que je n'avais jamais laissé aller une flatulence devant mes chums. J'ai ajouté que si la salle de bains se trouvait à proximité de mon chum, en d'autres mots, s'il pouvait m'entendre, eh bien... (c'est là que mes amies se sont étouffées de rire), je pétais dans une serviette pour amortir le son. Je suis peut-être la seule à faire ça, mais je n'ose imaginer l'effet néfaste que pourrait avoir un pet sonore volontaire devant l'homme avec qui j'ai une vie érotique...

Et je refuse que la dernière image qu'il voie avant de s'endormir soit mon visage enduit d'une épaisse crème de nuit ou d'un masque verdâtre. Même chose pour l'épilation à la pince devant un miroir grossissant, le visage contorsionné à la recherche des poils indésirables. Je n'ai pas envie de lui offrir ce spectacle. Tout ce qui concerne les soins, l'hygiène, mon intimité corporelle, je refuse de le partager. J'ai beau être généreuse, il y a des limites.

Je demande la même chose à mon partenaire. Je ne suis nullement intéressée à ce qu'il vienne s'asseoir sur «la bol» pendant que je prends mon bain, par exemple.

Après cet aveu, j'ai attendu que mes amies cessent de rire avant de leur demander :

– Les filles, auriez-vous plus de désir pour votre chum s'il respectait à la lettre mon code de conduite?

J'ai alors vu quatre paires d'yeux regarder dans le vide, les filles imaginant probablement toutes les scènes de la vie quotidienne dépourvues de ces irritants. J'ai aussi vu dans ces yeux que cela resterait pour longtemps un fantasme!

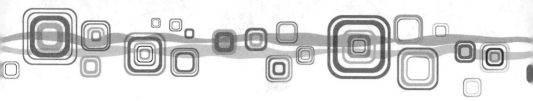

Dans mon courant

Être « dans son courant », c'est comme être sur sa « rivière », naviguer et se laisser porter par le courant. C'est être dans son corridor d'énergie. Quand on y est, il n'y a jamais de problèmes. On est heureux, on vit le moment présent, on se dit : « Wow, c'est donc bien beau, la vie ! » On pense même être dans un état de grâce.

Je discutais avec une femme, l'autre jour. Elle m'a raconté un moment magique de sa vie où tout était parfaitement orchestré, avec l'air de trouver ça anormal. Je lui ai dit : « C'est le contraire qui n'est pas normal. » Et la discussion s'est enchaînée...

— Qu'est-ce que tu veux dire par là ?

— Que c'est le contraire, quand on « rush », quand on s'arrache les cheveux, quand on a de la « broue » dans le toupet, c'est tout ça qui n'est pas normal...

— La vie serait supposée être parfaite, tout le temps ? C'est pourtant des moments rares, dans ma vie...

— Oui et pourquoi, d'après toi ?

— Ben... parce qu'il y a toujours une tonne de choses à faire et que c'est impossible...

— Pourquoi pas ?

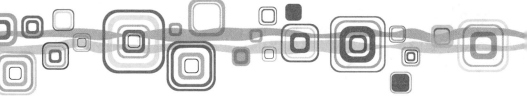

Je ne dis pas que ça doit toujours être les vacances en tout temps, mais je dis qu'on peut toujours être dans cet état-là. Ça ne dépend que de nous.

Mon chum me dit souvent :

— On fait une belle vie, nous autres, hein !

Je lui réponds :

— Oui, on SE fait une belle vie !

On se fait une belle vie avec les « malgré ».

Marcel Pomerlo, comédien et auteur qui a écrit les très belles pièces *Marcel pomme-dans-l'eau* et *Gaëtan*, m'a laissé cette phrase tirée d'un de ses monologues : *Tenir en dépit des malgré.*

Je me souviens d'avoir réfléchi longtemps à ces mots, qui exprimaient vraiment ma pensée. Tenir malgré les horaires chargés, malgré les irritants du quotidien, malgré les problèmes d'argent, malgré nos désirs inassouvis. Et continuer toujours, jour après jour, à avancer en demeurant dans ce courant de vie et de conscience qui fait de notre existence la plus merveilleuse des aventures... malgré les malgré.

— Tu me dis qu'on peut arriver à cet état de grâce même si on n'est pas un moine tibétain qui médite dans une hutte à longueur de journée ? m'a demandé cette femme.

— SURTOUT si on n'est pas un moine tibétain qui médite dans une hutte toute la journée. Qui a le plus besoin de cet état de bien-être ? C'est nous, les mères de famille poules pas-de-tête qui courent tout le temps, à qui on arrache chaque seconde. Méditer dans une hutte en mangeant de la luzerne bio, pas de problème, je le ferais à longueur de journée, mais on dirait bien que ce n'est pas mon karma ! Non. Mon karma est de faire le taxi, les commissions, de cuisiner pour une gang d'affamés et d'acheter les cadeaux d'anniversaire des

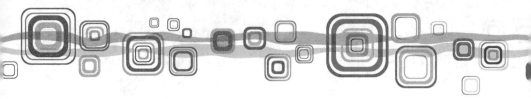

amis de mes enfants (et pas une petit bébelle ordinaire ou une carte fabriquée à la main, oh non! Une fête d'enfant ressemble presque à un mariage, de nos jours! Un peu plus et les enfants laisseraient une liste de cadeaux chez Toys R Us! Hum... Je vais m'informer, j'suis presque certaine que ça doit exister pour vrai!).

Puis il y a les parents, les sœurs, les cousines, les amies, qui bouffent de notre temps... sans compter le ménage et le lavage. Tant mieux si vous avez une femme de ménage, mais ce n'est quand même pas elle qui planifie les repas de la semaine, qui change la litière du chat, qui lave vos draps, qui fait votre épicerie, qui récure les chaudrons, qui détache les vêtements, qui coud un bouton, qui reçoit le samedi soir et qui va reconduire les macaques aux cours de natation (à moins d'avoir une bonne). Le pire, c'est que je connais plein de femmes qui font le ménage avant l'arrivée de la femme de ménage! Et pourquoi? Pour qu'elle ne passe pas de commentaires sur le bol de toilette cochonné, sur les poils dans le fond de la douche, sur les moutons de poussière qui roulent en toute liberté sur le plancher du salon (et pas seulement sous le divan), sur les traces de doigts graisseux dans la porte-patio...? Bon... Je disais donc que c'est mon karma, alors aussi bien le vivre à mon rythme dans un état ZEN.

— Impossible! me rétorque mon interlocutrice.

— Tu le penses parce que tu es prise dans un *pattern* qui te fait *croire* que c'est impossible...

— Qu'est-ce que tu veux dire par là?

— Tant que tu achètes l'idée que c'est impossible, tu resteras hors de ton courant et, effectivement, tout te confirmera que c'est impossible.

— Mais... c'est pas juste moi qui le dis! On n'a pas toujours le choix.

— C'est vrai, on a rarement le choix sur plusieurs aspects de notre vie. Mais une chose est certaine, on a le choix d'adapter les circonstances extérieures à ce que nous sommes.

— Ah oui? Et comment on fait ça?

— En s'assumant.

— ...

— Oui, plus tu vas t'assumer, plus la vie te récompensera.

— Qu'est-ce que tu entends par «s'assumer»?

— Être fidèle à soi, savoir qu'on a une grande place dans sa vie et qu'il existe plusieurs façons de faire les choses. Savoir que plus on consent à rester dans son courant, plus la vie sera généreuse et bonne avec soi.

— Facile à dire, mais pas facile à faire!

— Plus facile que tu le crois. Dans ta phrase, il faut enlever le mot «faire» et le remplacer par «être». Facile à ÊTRE. Plus tu auras de la facilité à être qui tu es, plus tu seras dans ton courant et plus ta vie ressemblera à un conte de fées.

— Comment on y arrive?

— Très simple. Il faut être consciente de ce qui nous empêche de rester dans notre courant.

— Ben, on doit gagner sa vie... on ne peut pas faire juste ce qu'on aime!

— Oui, mais imagine si tu «gagnais ta vie», comme tu dis, en étant dans ton courant?

— Trop beau pour être vrai...

Le jour où, au lieu de dire «trop beau pour être vrai», tu diras «TRÈS BEAU ET TRÈS VRAI» et que tu commenceras à entrevoir

cette façon de vivre comme étant possible, de belles choses se produiront. Le mot clé pour y arriver, c'est : confiance. Picasso a dit : « Sautez, et le filet apparaîtra. »

Après trois ans en ondes, l'émission que j'animais n'a pas été reconduite pour des raisons budgétaires. Je l'ai su deux mois avant de quitter les ondes. Pendant ces deux mois, tout le monde me regardait comme si je venais de perdre un membre de ma famille. Tous sauf mon collègue David, qui m'a regardée avec une étincelle dans les yeux : il voyait les nouvelles possibilités qui s'offraient à moi. J'aurais pu faire une dépression, remettre ma qualité d'animatrice en question, ressentir un immense vide. Le contraire s'est produit. Je savais que la vie venait de me faire un immense cadeau. Il ne faut jamais percevoir ce qui nous arrive comme étant quelque chose que la vie nous enlève. Jamais. Il faut plutôt se dire qu'on gagne quelque chose.

C'était difficile de ne pas pouvoir partager ma joie avec mes collègues, parce que personne ne m'aurait crue. Ils auraient probablement pensé que j'étais dans le déni, alors qu'au contraire je me sentais bénie ! J'avais juste hâte de savoir où la vie allait requérir mes services. Pourquoi n'ai-je pas senti le vide me happer ? Parce que je suis meilleure qu'une autre ? Pas du tout. Parce que je fais totalement confiance à la vie, parce que ma priorité n'est pas mes enfants, mon travail, ma vie amoureuse ou mon argent, mais ma vie spirituelle. Et quand on fait ce choix, on accueille le changement avec un grand sourire. On ne devrait jamais laisser la peur entrer dans notre corridor d'énergie.

Lorsque j'ai fait part de tout ça à mon interlocutrice, elle m'a répondu :

— Ça doit être difficile…

— Effectivement, ce n'est pas facile, mais c'est tellement passionnant !

— Pourquoi ça?

— Parce que chaque fois que la peur se présente, on la reconnaît. Je dirais même qu'on l'accueille pour tenter de savoir d'où elle vient.

— C'est pas un peu du grattage de bobo?

— Oh que non, au contraire! C'est en l'invitant à s'asseoir à table avec nous que la peur pourra se dévoiler et qu'on pourra s'en faire une alliée. On pourra ensuite la transformer peu à peu. À force de transformer toutes les peurs qui apparaissent insidieusement dans plusieurs situations de notre quotidien, on bâtit une solide relation de confiance avec la vie, et plus cette confiance est grande, plus le courant est puissant!

— C'est un travail à temps plein!

— Pas à temps plein, mais il faut en faire une priorité. C'est ce que j'ai fait parce que je trouve que la vie est courte et parce que j'ai vraiment envie d'y goûter, comme je l'aime.

— Et tu penses vraiment que tout le monde peut réussir?

— J'en suis convaincue. Faut juste pas être pressée et ne pas se comparer, parce qu'on se décourage.

— Quand je me compare aux autres femmes, je me sens très différente. La plupart des gens ont l'air heureux, en amour, bien dans leur job...

— Tu trouves?

— Oui.

— Pas moi. Tu as dit: la plupart des gens *ont l'air* heureux. Justement, ils en ont peut-être l'air, mais les apparences sont souvent trompeuses.

— Donc, la plupart des gens sont malheureux?

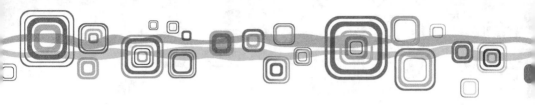

— Ce n'est pas ce que j'ai dit. Je dis que peu de personnes osent faire ce qu'il y a à faire et être ce qu'ils ont à être pour rester dans leur courant. Cela implique parfois des choix de vie à «contre-courant» de la société. Je dis aussi que la plupart des gens portent un mal de vivre assez profond en eux. Pourquoi penses-tu qu'il y a autant de gens «sur les pilules»? Pourquoi tant de gens sont en *burnout*? J'ai eu le privilège de recevoir les confidences très intimes de centaines de femmes et rares sont celles qui sont parfaitement dans leur courant.

— C'est décourageant...

— Non, au contraire. Savoir que c'est une quête que tout le monde porte, savoir qu'on est normales de ne pas trouver normal la façon dont les choses nous sont imposées, je trouve ça rassurant!

— En tout cas, je te trouve bien bonne de consacrer ta vie à ça...

— À quoi?

— À être qui tu es.

— Je n'ai pas énormément de mérite, parce que je n'ai pas le choix. Je ne pourrais pas vivre autrement et c'est comme ça depuis que je suis toute petite. Je crois que j'ai eu un don à ma naissance: celui de refuser que l'on m'impose une façon de faire.

— En as-tu souffert?

— Pas à l'âge adulte, mais enfant, oui. Je remarque aujourd'hui que cela a laissé des traces. Je suis en train de les guérir complètement. Il n'y a pas longtemps que je suis capable de sentir et de croire que ma façon de faire est bonne et qu'elle est aussi valable que celle des autres. Tu sais, on a beaucoup voulu me changer... J'étais trop intense, trop dérangeante, je crois.

— Je peux comprendre...

— Mais maintenant, je vois ces belles qualités différemment. Surtout depuis que j'écris et que mes expériences de vie aident et

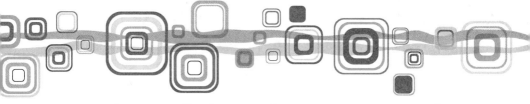

inspirent les autres. Pendant une formation que je suivais, il y a quelques années, on devait faire un exercice de prospérité. Il fallait compléter la phrase suivante : « Dans mes rêves les plus fous, je serais largement rémunérée pour... » Les personnes qui adoraient voyager écrivaient « voyager », les personnes pour qui la cuisine était une passion écrivaient « cuisiner », etc. Je n'arrivais pas à compléter la phrase. Tout le monde avait terminé l'exercice et mon tiret était encore vierge. Élever des enfants ? Animer ? Écrire ? Et puis j'ai su... Dans mes rêves les plus fous, je veux être payée pour VIVRE. Marginal, n'est-ce pas ? Mais c'était tellement ça ! Vivre à fond, faire des expériences, décortiquer différentes situations pour ensuite les PARTAGER.

« Par la suite, cela s'est concrétisé sous la forme d'entrevues télé-visées, de chroniques publiées dans mes quatre livres, de conférences, de monologues, etc. Je dois donc vivre ma vie à 100 %, parce que c'est ça, mon métier : vivre ! Est-ce que ce genre d'emploi porte un nom ? Un titre que je pourrais mettre sur ma carte d'affaires ? Ah ! Ce doit être pour ça que je n'ai jamais eu de carte d'affaires ! Le jour où j'ai accepté que vivre était mon métier, j'ai cessé de me comparer à mes amies qui avaient des carrières enviables. Ces mêmes filles avec qui j'ai commencé dans le milieu, lorsque j'étais jeune : Julie Snyder, Patricia Paquin, Marie-Claude Barrette... Je me disais qu'elles avaient de « vraies » carrières, alors que moi...

— C'est vrai que ça ne donne rien de se comparer.

— Non seulement ça ne donne rien, mais c'est dommageable à long terme. Cela a un impact sur notre estime de soi.

— Merci pour ce beau moment, pour cette discussion, Marcia.

— Merci à toi ! Je te laisse, je dois retourner méditer dans ma hutte !

Recevoir

Je ne vous parlerai pas de recevoir dans le sens de réussir vos réceptions en bricolant de magnifiques centres de table et en cuisinant comme une maudite folle toute la journée. Non, il sera plutôt question de l'acte de recevoir. Je ne connais personne qui sache recevoir. Vous n'avez qu'à vous regarder agir lorsque quelqu'un vous offre un cadeau, par exemple.

Au restaurant, votre amie prend l'addition. Que direz-vous? Vous refusez probablement, par politesse, puis vous ajoutez:

— La prochaine fois, ce sera à moi de payer!

Et si vous disiez seulement «merci beaucoup»? Vous auriez peur de passer pour une profiteuse, n'est-ce pas?

On a l'impression que plus on s'oppose au don, plus on est une bonne personne. En vérité, dites-vous que si quelqu'un a envie de vous faire un cadeau, vous l'offenserez davantage en le refusant.

— Oh mon Dieu, j'peux pas accepter ça... Voyons donc, c'est beaucoup trop!

Et pourquoi ne pourriez-vous pas l'accepter? On vous l'offre. Vous ne l'avez quand même pas soudoyée pour qu'elle vous paie à dîner! Vous refusez son cadeau parce que vous ne voulez pas lui être

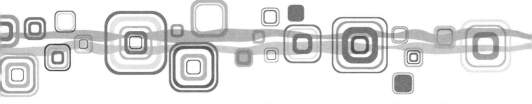

redevable? Parce que vous ne voulez pas vous faire acheter? Que vous ne voulez pas vous sentir inférieure? Ou pour que les gens ne vous trouvent pas profiteuse? Quand vous étiez petite, votre mère vous a appris à répondre «non», si on vous offrait quelque chose et c'était une marque de politesse. Aujourd'hui, à votre âge, il vous faut apprendre à accepter.

Quelqu'un vous offre quelque chose qui vous fait plaisir? Pourquoi ne pas dire simplement «wow, quel beau cadeau! C'est formidable, merci beaucoup!» au lieu de réfléchir à la façon dont vous lui rembourserez cet argent.

J'aime bien donner selon mon inspiration. Je vous ai déjà dit que je ne donnais JAMAIS de cadeau à qui que ce soit à l'occasion de son anniversaire, à Noël, à la Saint-Valentin ou toute autre fête? Pas à mon chum, à mes enfants, à mes parents, à mes amies ou à mes filleules. Par contre, je donne souvent des cadeaux de façon spontanée et j'adore ça. Voici quelques exemples:

- Une amie de ma sœur me dit que j'ai un beau sac à main. J'en vide le contenu et je le lui donne. Si vous me dites que j'ai un beau chandail et que vous avez environ ma taille, ne vous surprenez pas si je l'enlève pour vous l'offrir. (Ne vous inquiétez pas, je porte souvent une camisole sous mes chandails, je ne repartirai pas chez moi toute nue!) Même chose pour des objets qui se trouvent dans ma maison, des livres, des bibelots, des cadres... des enfants, aussi! Vous trouvez mes enfants bien élevés lorsque vous êtes en visite chez moi? Je vous les donne, emportez-les!!!

- Je vais souvent porter des petites surprises dans la boîte aux lettres ou devant la porte de mes amies pour le plaisir de faire plaisir. Une bière d'épinette, un livre, un magazine, des pantoufles en Phentex, une bouteille de vin, un immense toutou acheté au bazar, du thé fin, une petite plante, un DVD, un CD, etc. Pour mon plus récent cadeau-surprise,

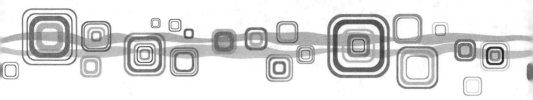

je suis allée chez mon amie Nathalie à son insu (son coloc m'a aidée) et j'ai déposé sur son lit de célibataire un de mes fameux bonshommes en carton. Avant de partir, j'ai dit à son coloc : « Laisse la lumière allumée parce que sinon, elle peut avoir la peur de sa vie et mourir d'une crise cardiaque ! »

- La semaine dernière, au Festi-Livre de Bergeronnes, j'ai offert un cadeau bien spécial à Michel, l'animateur de la soirée. Je ne sais pas trop comment c'est venu sur le sujet, mais la veille, il m'avait confié n'avoir aucun poil sur le *chest*. On a bien ri et le lendemain, j'ai pris un carton rigide et je l'ai taillé en forme de triangle, qu'il pouvait insérer dans sa chemise. J'ai ensuite demandé au salon de coiffure du village (le Salon Chantal) de mettre dans un sac tous les cheveux coupés pendant la journée. J'ai acheté un tube de colle en bâton et j'ai offert à Michel un kit *« Make your own chest »*, devant un auditoire qui riait aux larmes. Je suis certaine que le pauvre va s'en faire parler pendant des années...

J'aime donner sans attentes; c'est ce qui me procure le plus de joie. Je ne calcule jamais et je ne donne pas dans le but de recevoir, car plus on donne sans attentes, plus on reçoit, même si ce n'est pas l'objectif visé au départ. Je donne dans le but de semer de la joie et de poursuivre ce merveilleux cycle « donner et recevoir ».

Enfant, j'agissais de la même façon. Si je jouais avec mes figurines Johnny West et qu'une amie les trouvait belles, je lui en donnais une. J'ai eu la chance d'avoir une mère qui ne m'a jamais réprimandée, qui m'a toujours laissée libre de disposer de mes objets personnels comme je l'entendais. Même chose avec mon argent. À quinze ans, j'ai obtenu un premier rôle dans le film *Sonatine*. J'ai reçu 4 000 $ de cachet. Il y a trente ans, c'était beaucoup d'argent. Je me souviens d'avoir utilisé cet argent pour me faire plaisir et pour faire plaisir aux autres. Acheter des chaussures pour le bal de finissants de Brigitte,

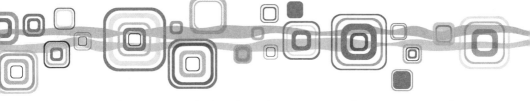

par exemple, ou une chaise de princesse en rotin pour ma petite sœur Estelle, ou des écouteurs pour le baladeur de mon ami Pierre.

J'ai toujours eu de la facilité à donner, mais en ai-je toujours eue à recevoir? Non, mais maintenant j'y arrive et, dans pratiquement toutes les situations, je suis capable de dire merci et d'honorer le don que l'autre me fait.

Si je suis témoin d'une scène où deux personnes s'obstinent pour que l'une ne paie pas pour l'autre, je dis :

— Monique, en empêchant Linda de payer, tu freines sa prospérité!

— Comment ça?

— Plus quelqu'un donne, plus il recevra, alors tu l'empêcheras de recevoir...

N'allez pas croire que Linda se fera payer un repas à son tour dans la journée. Elle recevra, mais on ne sait pas quand, de qui, ni quoi et combien. C'est un peu comme si, chaque fois qu'elle donnait, elle accumulait des points sur sa «carte-cadeau de la vie».

Vous connaissez le principe de donner au suivant? Eh bien, c'est la même chose!

Pour alimenter votre réflexion sur ce sujet, pensez que plus on a conscience de sa valeur, plus on est à l'aise de recevoir et de participer au cycle de ce grand mouvement naturel de la vie.

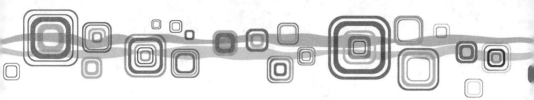

Trop de tout

Au moins une fois par mois (qui concorde avec une semaine bien précise de mon cycle menstruel), je voudrais mettre tous les objets superflus qui m'entourent dans un sac vert et l'apporter à un organisme de charité. Une fois par mois, je voudrais vivre mon fantasme d'avoir une maison comme dans les magazines de décoration.

Je me lève le matin et on dirait que je me sens attaquée par les objets, qu'il y a trop de tout autour de moi : trop d'assiettes, trop de magazines, trop de bottes dans l'entrée, trop de piles de journaux, trop de rouleaux de papier hygiénique dans l'armoire, trop de livres, trop de gugusses dans le tiroir de la cuisine, à la limite trop d'enfants, aussi...

Il y a deux ans, la lecture d'un livre m'a profondément marquée : *99 objets nécessaires et suffisants*. L'auteure, Dominique Loreau, a aussi écrit deux autres ouvrages qui ont longtemps été sur ma table de chevet : *L'art des listes* et *L'art de la simplicité*. Mme Loreau est une Française qui vit au Japon et veut transposer les préceptes de la philosophie de vie japonaise dans toutes les sphères de la vie des femmes occidentales. Dans *99 objets*, elle parle de sa tentative de vivre avec seulement 99 objets. Sur chaque page de gauche, on aperçoit la photo d'un de ces objets, et à droite, elle nous explique pourquoi elle l'a conservé.

Depuis que j'ai lu ce livre, il ne se passe pas une semaine sans que le chiffre 99 me vienne à l'esprit quand mes yeux se posent sur les nombreux objets de ma maison. J'aimerais tellement vivre dans un environnement plus dépouillé. Je crois sincèrement que je m'améliore, mais si j'avais accès à un conteneur pendant ces trois jours de SPM, il serait rempli en deux temps, trois mouvements! On y retrouverait au moins 999 objets...

Notre rapport aux objets, notre environnement physique sont des thèmes qui m'intéressent énormément, mais avec lesquels j'ai toujours eu de la difficulté. Est-ce parce que j'ai déménagé de nombreuses fois? Parce que je procrastine? Parce que je suis attachée aux souvenirs? J'ai beaucoup lu sur l'art du rangement, sur le désencombrement, sur l'organisation pour mieux vivre sa vie, etc., et je peux fièrement affirmer que je fais d'énormes progrès.

J'ai également fait un bout de chemin quand j'ai lu des ouvrages sur les TAC (troubles d'accumulation compulsive) pour les besoins d'une entrevue où je recevais une psychologue spécialisée dans ce domaine. Vous avez sûrement déjà vu une de ces émissions à la télévision américaine où l'on voit des gens atteints de ce trouble qui sont incapables de circuler dans certaines pièces de leur maison tant ils ont accumulé d'objets.

Rassurez-vous, c'est loin d'être comme ça chez moi! Je ne souffre pas du TAC, mais j'ai parfois tendance à accumuler. Il semblerait qu'on a tous des zones de notre vie plus sensibles à l'accumulation. Il peut s'agir de fichiers dans notre ordinateur, où l'on conserve des centaines de courriels, de photos non classées ou d'une boîte remplie de nos cahiers d'écriture de la petite école...

Après l'entrevue, j'ai expliqué à la psychologue que j'avais tendance à m'encombrer de certaines choses, parce que j'avais peur de faire une gaffe, de me débarrasser de quelque chose d'irremplaçable.

Je lui ai demandé comment venir à bout de cette peur.

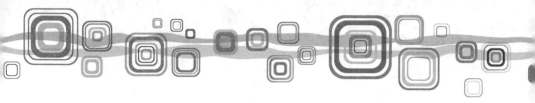

Elle m'a répondu que les gens qui souffrent du TAC fonctionnent par « possibilités » dans leurs rapports aux objets, tandis que les autres fonctionnent par « probabilités ».

Autrement dit, lorsque vient le temps de se départir d'un objet, quelqu'un qui ne souffre pas du TAC se demandera :

« Quelles sont les **probabilités** que je remette cette robe datant des années 1980 ? Très faibles probabilités... parfait, alors je m'en départis. »

Quant à ceux souffrant du TAC, ils aborderont la situation sous un autre angle et se demanderont :

« Quelles sont les **possibilités** que je remette cette robe datant des années 1980 ? » Et ils trouveront plusieurs réponses :

- Si je suis invitée dans un party rétro ;
- Si ça revient à la mode ;
- Si mes enfants veulent garder mes vêtements.

Résultat ? Ils conservent leurs biens. Ils font la même chose avec les livres, les cahiers d'écriture, les coupures de journaux, les magazines, les accessoires de cuisine, les bibelots, les sacs de papier et de plastique, les enveloppes vides, etc.

Je désire seulement conserver les objets dont le pourcentage de probabilités de m'être utiles à nouveau est élevé. Depuis que j'ai été guidée vers cette voie-là, c'est plus facile de me débarrasser des choses inutiles.

Le défi à surmonter, dans l'histoire, c'est les habitudes de mon chum, car c'est un accumulateur assez intense. Oui, c'est vrai que les choses qu'il garde sont très belles et que ce sont des « pièces de collection », comme il aime les appeler, mais à un certain moment, trop, c'est trop !

Dans notre chambre à coucher, au chalet, il a placé un vieil aspirateur des années 1940, en bois, sur le dessus d'un meuble, comme si c'était une œuvre d'art. Cet engin est tellement bizarre qu'au début je croyais qu'il s'agissait d'un accordéon... ou les restes d'un animal préhistorique. Cœur Pur adore cette antiquité. C'est vrai qu'elle est belle, mais pas dans ma chambre à coucher. Au musée, s'il vous plaît.

Toujours au chalet, il a installé une vieille machine à coudre devant la porte-fenêtre, cachant par le fait même une partie de la vue sur le lac...

Je me sens souvent coincée, avec tous ces meubles, et je rêve d'un environnement dégagé, qui respire, comme chez ma sœur Brigitte. Ce serait peut-être possible si je vivais seule avec ma fille, comme elle. Mais c'est impossible parce que je partage ma vie avec un homme et qu'il y a régulièrement six enfants qui vivent dans la maison avec nous. Qui dit huit personnes dit au moins vingt-quatre paires de souliers ou de bottes, et qui dit huit personnes dit aussi un mouvement continuel d'entrée et de sortie. Et je ne vous parle pas du chien! Si vous vivez seule et que vous venez passer deux heures chez moi, vous allez avoir besoin de faire une petite sieste après votre visite! Imaginez la quantité de serviettes dans la salle de bains, de produits pour les cheveux et de maquillage pour les filles, d'équipements sportifs (skateboard, patins à roulettes, vélos, table de ping-pong, panier de basketball, ballons de soccer, de volleyball, de basketball, bâtons de hockey, tubas, masques et palmes), sans parler des vêtements, des livres, des magazines, etc.

Je suis justement dans mon trois jours de SPM. Les sacs verts ne sont pas loin, car je veux dégager le dessus des armoires, au chalet, qui sont couvertes de chaudrons et d'accessoires de cuisine laissés par ma belle-mère après la vente de la propriété. Je souhaite remplir ma voiture et aller tout distribuer, comme pour la guignolée, mais à

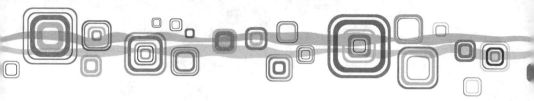

l'inverse. Je sonnerais à vos portes et, au lieu de recevoir vos dons, je vous ferais des cadeaux !

Parlant de cadeau, c'est la fin de semaine des ventes-débarras collectives, à Boucherville, et mon amoureux vient tout juste de franchir la porte. Les yeux tout lumineux, il me dit :

— Chérie, chérie ! Viens voir les belles trouvailles !

Chérie se lève et elle constate qu'il a effectivement rapporté plusieurs « trésors » : un immense arc, dans un étui plus gros que celui d'une guitare, des masques africains, des livres... Je m'arrête ici, car si vous êtes dans la même période du mois que moi, et donc dans le même état d'esprit vis-à-vis du matériel, vous allez lancer ce livre au bout de vos bras, mais ce livre que vous tenez entre vos mains n'est pas un objet superflu !

Ma relation envers le matériel est en constante évolution, mais tant qu'il y aura dans ma vie du mouvement, des enfants et un homme qui fait de « belles » trouvailles hebdomadaires, je serai loin de pouvoir écrire un livre avec mes 99 objets. Le mien serait plutôt épais comme trois dictionnaires !

Demain, mes hormones devraient me laisser tranquille... jusqu'au mois prochain !

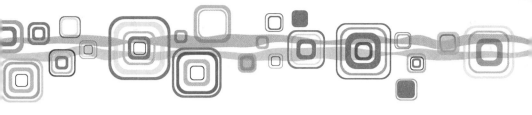

Bonjour, ma belle!

Je ne sais pas si vous êtes comme moi, mais l'une des choses que j'aime le plus au monde, c'est de me lever le matin, seule dans la maison. Il faut que je puisse jouir de ça au moins une fois par semaine, mon équilibre mental en dépend! Comment j'y parviens? Avec beaucoup d'organisation... Parfois je dors chez des amies ou chez mes sœurs, et l'été, je pars avec ma caravane ou j'y dors dans ma propre cour.

Ce matin, je viens enfin de comprendre pourquoi j'ai tant besoin de ces moments de solitude. Ce n'est pas parce que je n'ai pas envie de voir mes enfants, mon chum ou ses enfants. Ce n'est pas parce que je suis de mauvaise humeur quand je me lève, ni parce que je dors mal et que je suis fatiguée au réveil. Non, rien de tout cela. C'est que quand je me lève seule, je suis la première personne à qui je dis «bonjour»! Je peux tranquillement prendre conscience de mon essence, prendre le temps d'être reconnaissante pour celle que je suis. Je peux savourer «les vraies affaires», la vraie vie comme je l'aime, plutôt que de gérer le quotidien:

- Est-ce qu'il reste du lait pour tout le monde?
- Rincez vos bols de céréales;
- Y est où mon chandail?
- Dans la sécheuse...;

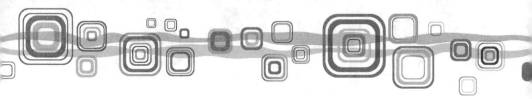

- Dépêche-toi, tu vas être en retard... ;
- Non, je n'oublierai pas d'appeler au garage pour prendre rendez-vous... ;
- As-tu mis des carottes dans ton lunch ?
- Vite, dépêche-toi, on va être en retard !

Hé boy, on peut bien être épuisées !

On entend souvent dire que, quand les femmes reviennent du travail le soir, il y a une autre journée de travail qui les attend à la maison, mais on ajoute rarement que quand elles arrivent le matin au bureau, elles ont déjà presque une demi-journée dans le corps !

Des amies m'ont confié qu'elles adoraient être coincées dans la circulation, car elles étaient seules dans leur voiture, avec leur musique, avec leurs pensées, avec elles-mêmes.

Alors imaginez quand j'ai le luxe d'être seule une p'tite heure avant de vraiment commencer ma journée (courriels, appels, rendez-vous, etc.) ? Je jubile, j'en profite, je célèbre la vie qu'il y a dans mon corps quand je me lève le matin et je me dis : « Wow ! Je suis chanceuse, une autre belle journée qui m'attend. »

Même quand j'étais malade, clouée au lit pendant plus de cent jours, j'avais quand même cette sensation qu'une autre belle journée m'attendait et qu'elle serait meilleure que la précédente. Le seul hic, quand on est alitée, c'est qu'on a rarement le privilège de se lever seule... On n'a pas le choix « d'endurer » la présence de gens autour de nous parce qu'on dépend d'eux pour nos besoins de base. On vit alors une belle contradiction : on est vraiment contente d'avoir ces personnes dévouées autour de nous, mais on est aussi irritée par leur présence, car on aimerait être plus libre, plus autonome, plus souvent seule. Pour survivre mentalement, on apprend donc à se connecter avec sa liberté intérieure, intellectuellement et spirituellement.

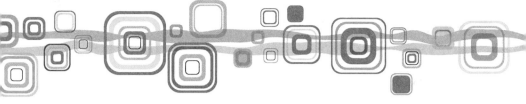

L'écriture a été une bonne solution pour moi. J'ai rempli une dizaine de cahiers, «prisonnière» de mon lit, et curieusement, ce que j'écrivais était joyeux, lumineux même. Quiconque s'est trouvé dans un état où son corps ou sa tête ne répondait plus comme avant, a probablement vécu cette sensation, c'est-à-dire avoir l'esprit encore plus alerte, une conscience plus aiguisée des choses essentielles de la vie.

Quand je parle d'esprit, je parle d'une connexion spirituelle avec la vie, de l'importance de profiter de tous les beaux moments qu'elle nous offre sans s'étourdir, en *étant* plutôt qu'en *faisant*. Quand on est alitée pendant aussi longtemps, on ne peut rien *faire*, alors il faut *être*. C'est en tout cas ce que j'ai fait et c'est, jusqu'à maintenant, l'une des plus belles expériences de ma vie. Elle m'a rapprochée de moi, de mon essence, de mon corps, de la belle et bonne personne que je suis.

On ne sait jamais quel moyen la vie va emprunter pour nous toucher profondément. C'est différent pour chacune d'entre nous. Si je me fie à vos témoignages ou aux confidences de mes amies, on a toutes vécu une épreuve difficile qui survient sans crier gare: une maladie, une mort, un accident, une perte financière, un *burnout*... Il y a un AVANT cette épreuve et un APRÈS, qui fait qu'on ne vit plus sa vie de la même façon, qu'on n'est plus tout à fait la même personne. C'est nous, en version améliorée. On a souvent l'impression d'être en version diminuée; pourtant, c'est tout le contraire, je vous assure. Si on peut dire qu'il y a eu un AVANT et un APRÈS, c'est que la vie a trouvé ce qu'il nous fallait pour arriver à être plus près de soi, de son corps et de son âme. Et quand on a connu cette expérience (je devrais plutôt écrire «quand on a été obligée de la connaître»), en se levant le matin, on a vraiment envie d'être la première personne à se dire:

— Bonjour, ma belle! Contente que tu sois en vie, que tu sois dans *ma* vie! On va passer une autre magnifique journée ensemble!

Dans les bras de mon papa

On n'écrit pas souvent une lettre à notre père, sans raison, juste pour qu'il sache à quel point il est important dans notre vie. Pour lui dire merci, tout simplement. En regardant des photos de moi de zéro à trois ans (je n'en ai pas beaucoup, à peine une douzaine), j'ai observé que, sur presque toutes les photos, je suis dans les bras de mon père. En pique-nique sur une plage, pour une photo familiale à côté de la nouvelle voiture, en visite chez tante Ghislaine... Toujours dans les bras de mon papa... Un bel homme (un pétard, même!) dans la jeune trentaine. On peut lire dans ses yeux toute la fierté d'un jeune homme en train de réaliser son rêve d'avoir une famille unie, avec une femme qu'il aime, ma mère. Dans mes yeux de petite fille, on peut lire toute la confiance que j'ai envers lui. Je suis dans les bras de mon papa et rien de grave ne peut m'arriver. Je me sens encore comme ça dans ma vie d'adulte : en confiance, dans ses bras, même s'ils ne me tiennent plus physiquement, ne me soulèvent plus de terre comme quand j'étais enfant. Ils sont toujours forts et grands ouverts en tout temps.

«Mon cher papa que j'aime tant. Je n'ai jamais rencontré un père comme toi. Je te l'ai déjà dit : toutes mes amies sont jalouses. Je suis sincèrement désolée pour elles, mais c'est comme ça! J'ai décidé

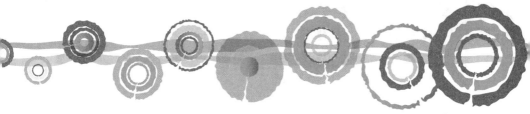

de t'écrire cette lettre à toi personnellement, tout en sachant qu'elle sera lue par des milliers de femmes. Je veux te rendre hommage et j'avoue que c'est un peu gênant.

Je ne connais pas beaucoup de filles de ma génération qui ont vécu des tête-à-tête avec leur père, à moins d'être enfant unique et encore. La première fois où je me suis retrouvée seule avec toi au restaurant, sans maman, mes sœurs ou mes enfants, c'était il y a quatre ans, par un concours de circonstances : nous devions aller faire des prises de sang ensemble au CLSC et comme nous savions que nous allions être à jeun, nous avions convenu d'aller déjeuner après.

Quel sentiment étrange de se retrouver en tête-à-tête avec un être cher et d'être embarrassée. Pas parce que tu es embarrassant, mais parce que je me rendais compte que c'était la première fois en plus de quarante-deux ans que je me retrouvais seule avec toi. Je me souviens d'avoir pensé : on devrait faire ça plus souvent.

Je trouve que tu es un homme bon, juste et droit. J'ai l'impression de bien te connaître parce que tu es dans ma vie depuis le début, mais je me rends compte que c'est seulement depuis quelques années que j'apprends à savoir qui tu es. Parce que j'ose te poser des questions, parce que tu oses me répondre, aussi. Peut-être qu'à ton âge (soixante-quinze ans), on a envie et besoin de répondre aux questions. En tout cas, j'aime tes réponses. J'aime voir l'homme derrière le papa.

Mon cher papa, souvent seul avec dix ou douze femmes. Maman, tes filles, tes sœurs célibataires, tes nièces, tes petites-filles, les amies... On s'arrête parfois de parler, on se tourne vers toi et on te demande :

— Comment tu trouves ça, être toujours avec des femmes ? T'es pas tanné de nos conversations ?

Tu nous réponds avec un sourire et on comprend bien que tu es rarement tanné, sauf quand on parle de nos affaires de filles et que tu te lèves discrètement pour aller à ton ordinateur...

Mon cher papa, qui pourrait en montrer à plusieurs jeunes, même en informatique. Toujours enthousiaste par rapport à nos projets, toujours partant pour une visite improvisée de ma part, pour un «p'tit tour rapide», le temps que tu me fasses un bon sandwich et qu'on jase un peu.

Tu es un grand-papa formidable, aussi... Je n'en connais pas beaucoup qui se sont acheté une pagette (à cette époque où les cellulaires n'existaient pas encore) pour que leur petite-fille de dix ans puisse les rejoindre partout et leur demander un *lift*. Il n'était pas rare de te voir quitter la table, en plein souper, pour aller chercher Adèle à l'aréna! Tu as même eu à jouer les médiateurs, dans le bureau de la directrice, au secondaire, quand Adèle s'est fait expulser de la classe parce qu'elle soulignait les injustices scolaires quand ce n'était pas le moment (pas surprenant qu'elle soit devenue avocate!).

Quand Brigitte et moi allons dîner à la maison à l'improviste avec nos filles et que tu nous sers à manger pendant que nous rions à table... Maman écoute nos anecdotes, nos plus jeunes filles prennent des notes et toi, seul avec cinq femmes, tu nous sers. On te réprimande même parce que tu fais trop de bruit en mettant les assiettes dans le lave-vaisselle, on te taquine. Un peu plus tard en soirée, on te demande d'arrêter de te bercer, car ça nous donne mal au cœur. On rit du fait que tu portes des bretelles, on t'appelle «pâpâ», comme tes sœurs appelaient ton père, mon grand-père. Tu nous dis souvent «Les filles, vous exagérez!» mais tu es incapable de te retenir de rire, parce qu'au fond, tout ce que font tes filles, tu trouves ça drôle toi aussi.

Je sais que tu es fier de nous, que tu l'as toujours été. Quand maman venait d'accoucher de notre petite sœur, quatrième fille de la famille, je voyais ton regard incrédule lorsque les gens disaient :

— Pauvre Louis, «pogné» avec cinq femmes...

Je ressentais bien ta fierté d'être dans un si beau «pognage»...

Puis sont arrivées tes quatre petites-filles, les unes à la suite des autres : Adèle, Alice et Clara, les filles de Brigitte, et Madeleine. Les gens avaient de quoi jaser :

— Pauvre Louis, «pogné» avec neuf femmes...

Mais il était de plus en plus heureux, le monsieur, nous, on le savait ! Quant à ton aînée, Jeanne, elle a eu deux garçons, Henri et Francis. Et Estelle, ta cadette, est venue boucler la boucle avec Elsa, la petite dernière (c'est la fillette qui apparaît sur les pages couvertures de mes quatre recueils précédents). Elsa qui aura reçu le plus grand concentré d'amour, de soins et d'attention qu'un grand-père puisse donner à sa petite-fille. Vous l'avez gardée pendant des années, tu te promenais avec un siège d'enfant dans ta voiture et tu vas encore la chercher à l'école plusieurs fois par semaine. Tu joues au parc avec elle, tu la berces, tu lui racontes des histoires de quand tu étais petit garçon... parce que tu as été petit garçon ! Vaillant à part ça ! Qui travaillait sur la ferme, qui conduisait la charrette assis sur le cheval dès l'âge de cinq ans, qui était serviable et généreux.

Petit garçon qui est devenu homme et qui a quitté son village du Lac-Saint-Jean pour étudier à l'école Polytechnique de Montréal, en 1959. Puis tu as rencontré Lucie, celle qui allait devenir ta femme, ma mère. Celle avec qui tu as eu quatre filles, envers lesquelles tu as pris un engagement : celui de toujours les prendre dans tes bras, de toujours être là pour elles, dans toutes les situations de leur vie. Et tu as toujours tenu parole.

Pour cela et pour tout, je te dis merci.

P.-S. Quand Lynda Lemay chante *Le plus fort, c'est mon père,* c'est parce qu'elle ne connaît pas le mien ! »

Sans les enfants

Ce que j'aime le plus au monde? Les enfants.

J'adore les enfants. S'ils n'existaient pas, la vie serait vraiment ennuyante. À *C'est ça la vie*, je suis allée passer cinq jours avec des enfants pour tourner des segments, les « tête-à-tête », que l'on intégrait par la suite à l'émission. Je voulais donner une tribune aux enfants. Je voulais savoir ce qu'ils pensent de la vie, des rapports hommes-femmes, de l'amour, du bonheur, de leurs parents, du système scolaire, etc. Ma partie préférée de l'émission. Je m'asseyais sur une petite chaise d'école devant chaque enfant pour discuter avec lui d'un thème choisi par les enfants.

Je les garderai toujours dans mon cœur, tous. J'ai même conservé leur photo et j'ai un DVD, qui contient toutes leurs interventions, que je réécoute à l'occasion.

Quelle sagesse! Que de beaux enfants allumés, uniques! Ils m'ont appris les choses de la vie sans censure, sans filtre, ils m'ont dit ce qui les rendait heureux, m'ont expliqué comment ça fonctionnait l'amour, pourquoi les adultes se chicanaient, pourquoi les animaux étaient chanceux, pourquoi ça leur faisait du bien de pleurer, etc. Avec ces petits tête-à-tête, je crois avoir permis aux adultes autour d'eux de voir une autre facette de chaque enfant, de prendre conscience de la chance qu'ils ont de les côtoyer au quotidien. Oui,

ils sont turbulents, oui, ils ne prennent pas toujours leur rang au bon moment, oui, on a hâte qu'ils soient plus autonomes. Mais est-ce qu'on prend le temps de s'asseoir avec eux, juste pour le plaisir de les entendre nous parler de leur vision de la vie? Presque jamais et pourtant ils en raffolent!

Ce qui est touchant, c'est de savoir que ces enfants-là deviendront les adultes de demain, qu'ils auront des maisons, des autos, un travail, des enfants, qu'ils voyageront, feront des dépressions, se sépareront, se marieront, vivront une belle et grande vie.

Quand je suis invitée chez mes amies, c'est devenu une tradition, je vais me coucher dans le lit de leurs enfants pour jaser avec eux. Sous prétexte de tester leur matelas, je passe un moment privilégié avec eux jusqu'à ce que l'hôte de la soirée vienne me chercher pour passer à table... Ne le dites pas à mes amies, mais je crois que mes moments préférés, pendant nos soupers, c'est lorsque je suis seule avec leurs enfants.

Angela, Charles, Juliette, Alice, Clémence, Carlito, Émile, Geneviève, Marilou, Mikael-Barak, Jacob, Laurianne, Simone, Albert, Estelle, Justine, Geneviève, Élisabeth, Marie-Claude, Samuel, Victor, Liam, Jérémie, Isabelle, Gaëlle, Léa, Jeanne, Mathias, Florence, Alexia, Marguerite, Anne-Sophie, sans oublier mes neveux et nièces... L'an dernier, lors d'un tournage dans une école, justement, j'ai rencontré deux anciens voisins que je n'avais pas vus depuis cinq ans : Clara, la voisine de droite, et Jérémie, le voisin de gauche. Ils m'ont sauté au cou comme si on s'était vus la veille, j'avais les larmes aux yeux.

Sans le savoir, ils ont été importants dans ma vie. J'ai aimé jaser avec eux dans ma piscine, leur poser des questions, qu'ils me fassent cadeau d'une partie de leur lumière, de leur fraîcheur. Mais par-dessus tout, j'ai aimé leur faire croire que je faisais pousser des toutous. Un été, j'avais acheté des petits pots de fleurs, j'y avais mis de la terre et j'avais invité les enfants du voisinage à venir planter une « graine de toutou ». Je leur disais que j'avais un ami magicien

qui m'avait envoyé des graines de toutou par la poste. Chaque enfant plantait une graine dans un pot en spécifiant à voix haute ce qu'il désirait comme toutou. Chaque jour, j'insérais des bouts de tissu dans la terre pour montrer que le toutou commençait à pousser. Puis un matin (choisi de connivence avec les parents), il y avait un toutou qui avait poussé. L'autre matin, un autre. Vous auriez dû voir les yeux des enfants quand ils découvraient leur animal en peluche, c'était magique. Clara et Jérémie avaient trois ans quand ils ont participé à la récolte de toutous.

Quand Clara m'a sauté dans les bras, ce jour-là, je me suis souvenue de la nuit où elle est née. Son père Sylvain était venu me chercher pour que j'aille garder Justine, sa sœur aînée, pendant qu'il se rendait à l'hôpital. Avez-vous déjà eu la chance d'accueillir un nouveau papa qui revient de l'hôpital à 3 h du matin après avoir vu sa fille naître ? Que d'émotions ! Je me souviens que Sylvain avait ouvert une bonne bouteille de vin. Un moment de grand bonheur inoubliable que cette nuit-là. Célébrer la vie avec son voisin qu'on ne connaît pas très bien, en sachant qu'on a de la chance de vivre toutes ces merveilleuses émotions avec lui.

Les enfants m'aident à vivre, car ils ne sont pas encore «corrompus». La peur n'a pas encore fait de ravages, ils sont spontanés, authentiques, vrais, tout ce qu'on cherche à retrouver avec nos dizaines de thérapies, eux ils l'ont spontanément. Pourquoi ne pas apprendre d'eux, tout simplement ? Parce que nous sommes trop occupées à les éduquer, alors que ce devrait être le contraire. Nos enfants devraient nous déprogrammer, nous aider à vivre le moment présent. Il faut cesser d'être exaspérées par eux, cesser de vouloir leur montrer quoi faire. Il faut les encadrer, bien évidemment, mais aussi les laisser nous émouvoir, nous attendrir, nous donner envie de trouver le temps pour faire pousser des toutous. Il faut les laisser être des enfants qui jouent, qui nous donnent envie de jouer avec eux. Car n'est-ce pas un peu ça, la vie ? Un grand jeu où tout le monde est

invité, une belle chaîne humaine où tous les enfants de notre vie et celui que nous avons été se tiennent par la main pour former la plus belle des farandoles !

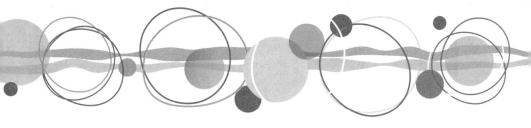

Testostérone 101

Les filles, il est grand temps que nous prenions des notes, que nous suivions des cours intensifs, que nous allions à l'école de la testostérone. Dès leur naissance, les gars apprennent les choses essentielles de la vie et nous, les filles, sommes exclues de cette formation qui, pourtant, nous permettrait de prendre la vie un peu plus à la légère. À ceux qui disent que les femmes sont contrôlantes, qu'elles sont incapables de lâcher prise, je réponds : « On ne demande que ça, mais on ne sait pas comment ! »

À partir d'aujourd'hui, ça va changer, car une nouvelle école vient de voir le jour. Une école où les femmes sauront enfin quoi faire pour vivre une vie plus zen et cesser d'être Germaine ! Je suis impatiente d'aller à l'école des hommes pour apprendre leurs règles du jeu et pour obtenir rapidement mon diplôme.

Grâce au diplôme de l'école des gars, on a un meilleur salaire, on est plus respectées au travail, on est même dispensées de certaines tâches quotidiennes plates. Diplôme en poche, on réserve notre précieux temps pour les tâches qui paraissent, celles qui font applaudir la visite : une belle haie bien taillée, un beau garage bien astiqué, de belles boulettes grillées égales sur le barbecue...

J'ai eu la chance de mettre la main avant tout le monde sur le programme offert par cette nouvelle école. Voici donc les cours proposés :

- Comment réussir à ce que nos invités lèvent leur verre à notre santé à chacune de nos réceptions, et ce, sans avoir eu à se « taper » toute la job ;

- Comment raconter en détail sa journée de travail pendant quinze minutes sans être interrompu une seule fois ;

- Comment choisir un sport qui nous fera sortir de la maison le plus longtemps possible. Suggestions proposées : golf, tournois de hockey, etc. ;

- Comment utiliser son ordinateur pour faire semblant d'être plongé dans un dossier urgent pour le travail, alors qu'en réalité on joue au poker ou qu'on magasine des tondeuses en ligne ;

- Comment prendre un congé de paternité payé et en profiter pour entreprendre un projet de rénovation important ;

- Comment « exercer son faciès » pour avoir l'air de brasser de grosses affaires.

Les hommes ont compris que plus ils ont l'air fatigués et préoccupés par le travail, plus on leur fout la paix. On leur apprend donc à quelle hauteur doit se trouver le pli au milieu du front pour que leur stress professionnel soit crédible. Dans ce cours, on leur enseigne aussi l'art des onomatopées et des phrases punchées pour attirer la sympathie de leur partenaire et ainsi se faire prendre en pitié...

- Comment attirer la télécommande jusqu'à nous pour en avoir le contrôle en tout temps ;

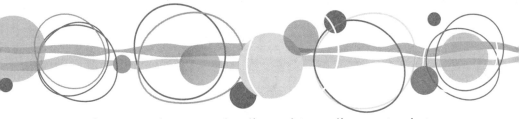

- Comment s'accommoder d'un t-shirt et d'une paire de jeans pendant toute une fin de semaine, et ce, toutes occasions confondues;

- Comment contrôler certains de vos sens, tels que la vue et l'ouïe, pour qu'ils soient au neutre dans les moments importants.

Il semble qu'après cette formation l'ouïe de l'homme perd plus de 70 % de ses capacités, la nuit; si bien que les pleurs d'un bébé deviennent inaudibles. Même chose pour la vue. Ils arriveraient à ne plus voir les poils de barbe dans le lavabo, les spots de dentifrice dans le miroir et toutes les petites irrégularités visuelles qui peuvent gâcher la vie de la femme. Leur vue s'ajuste également en fonction des tâches.

Tâches plates : cécité assurée.

Tâches agréables : vision limpide et claire.

Et le cours le plus intéressant de tous :

- *Qu'est-ce qu'on mange pour souper?* ou comment connaître par cœur tous les restaurants du quartier qui font la livraison et qui assurent un rapport qualité-prix très intéressant.

Diplômé, l'homme obtient aussi le privilège de conduire à chaque sortie familiale, et ce, même si sa partenaire a son permis depuis trente ans et qu'elle adore conduire. Il s'assoit confortablement derrière le volant et laisse sa conjointe se contorsionner pour donner des collations aux enfants, changer le DVD dans le lecteur et, surtout, pogner le mal de cœur à force d'être tournée vers l'arrière.

Alors, les filles, on s'inscrit à cette école pendant que nos chums s'occupent des enfants?

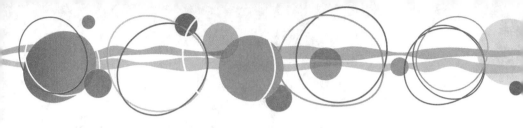

Au cirque avec mon père

Chaque année, en juin, j'assiste au spectacle des finissants de l'École nationale de cirque à la Tohue. J'y vais toujours avec Madeleine. Cette année, elle n'était pas disponible, alors j'ai invité mon père. Avant le spectacle, nous avons mangé dans un buffet chinois. Quand je vais dans ce type de restaurant, mon plaisir (non, ce n'est pas la section des desserts), c'est d'ouvrir un biscuit chinois pour y lire le message. Après le repas, j'ai donc pigé dans le bol de biscuits près de la caisse, j'en ai pris deux, les ai placés dans ma poche et nous sommes partis.

La Tohue est un endroit très familial. Dans les gradins circulaires, les sièges sont assez rapprochés les uns des autres, il y a beaucoup d'enfants et (j'en suis toujours très surprise) plusieurs parents avec de très jeunes bébés. Je ne vois pas trop ce qu'il y a d'intéressant pour une maman d'avoir sur les genoux un petit macaque qui se contorsionne comme un acrobate... Ne savent-elles pas qu'au cirque les enfants de moins de deux ans se mettent automatiquement à hurler chaque fois qu'il y a des effets spéciaux et que c'est loin d'être reposant?

Ce soir-là, tous les enfants en bas âge étaient assis autour de mon père et moi. À plusieurs reprises, j'ai vu des mères sortir un sein pour

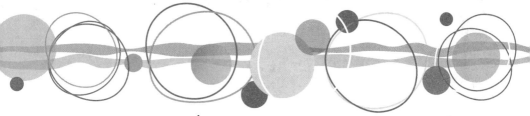

faire taire leur enfant. À trois mois, ça va, mais à quatre ans... c'est surréaliste !

Quand j'assiste à un spectacle, quel qu'il soit, j'ai la mauvaise habitude d'observer le comportement des gens dans la salle avant, pendant et après le spectacle. J'adore ça ! Il y a des couples qui continuent de s'engueuler, même une fois assis, parce qu'ils se sont perdus en chemin. Des femmes qui ne sont pas de bonne humeur parce que leur mari a bu trop de vin avant le spectacle, qu'il rit trop fort et sent le fond de tonne. Des gens qui ont oublié leur petit linge pour nettoyer leurs lunettes et qui verront le spectacle à travers des *spots* de doigts, parce qu'ils n'osent pas prendre un coin de leur chemise. Des femmes qui donnent un coup de coude à leur mari pour le réveiller parce qu'il ronfle. Des gens qui suçotent bonbons ou gommes pour étouffer une toux ou simplement pour avoir quelque chose à téter pendant le spectacle (à défaut du sein de leur mère !).

D'ailleurs, on dirait que c'est toujours dans ces moments-là que le papier d'emballage colle après la petite pièce sucrée tant convoitée et que la personne ne vient pas à bout d'enlever l'emballage. Pas de danger qu'elle attende les applaudissements ou les rires de la foule pour effectuer son opération délicate ! Eh non, elle choisit le moment du spectacle où les acteurs se recueillent en silence devant le cercueil de leur mère... Ça me rend agressive et j'aurais envie de leur lancer :

— OK, ça suffit !!! Amène-le-moi, ton christie de bonbon ! Tu vas voir, je vais te le déballer, moi ! Pis si j'suis pas capable, j'vais te le faire avaler AVEC le papier !

Toutes mes sorties sont donc agrémentées par l'observation de ce qui se passe autour de moi. Que ce soit lors d'un spectacle d'humour, d'opéra, de danse contemporaine, de théâtre, de magie ou de marionnettes, que ce soit en plein air, dans un sous-sol d'église, dans un cabaret ou dans un café, le spectacle est toujours aussi intéressant dans la salle que sur scène. La prochaine fois que vous irez voir un spectacle, ouvrez grand les yeux ! Vous pourrez tirer vos

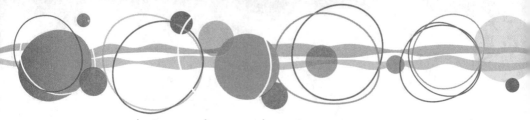

propres conclusions sur la nature humaine et vous trouverez ça aussi fascinant que moi!

Je me souviendrai toujours de cet homme assis devant moi pendant un spectacle d'humour au théâtre Saint-Denis. En pleine représentation, il s'était mis à engueuler une femme assise près de lui parce qu'elle faisait trop de bruit. S'il avait observé la salle, avant le lever du rideau, il aurait rapidement remarqué que la dame en question avait le syndrome de la Tourette. Non seulement émettait-elle des sons constants, mais elle était aussi secouée de tics nerveux. Quand l'homme l'a réprimandée ouvertement, j'étais à l'affût et je suis intervenue :

— Vous ne voyez pas, monsieur, que cette femme fait son possible? Un peu de tolérance, s'il vous plaît!

L'homme s'est levé et... a changé de place! La femme m'a remerciée du regard.

Malgré les irritants, j'aime me retrouver dans un endroit public, «prise en otage» dans une grande salle avec des inconnus. C'est la seule occasion qu'on a de vivre un état d'intimité avec de purs étrangers qu'on n'aurait peut-être jamais croisés, n'eût été de cette représentation.

Le cirque est l'un des endroits où je me sens le mieux. Assise dans les gradins, à regarder s'exprimer la vie sur scène. La vie en mouvement, la vie en hauteur, en jeunesse, en espoir, en perfection corporelle, en émotions. Des corps dans le vide, des corps en déséquilibre, des corps qui réussissent l'impossible. De la musique, des êtres humains, aucune parole, que l'expression des corps qui communiquent. Mon père, avec son regard d'enfant. Toutes ces paires d'yeux qui brillent dans le noir. Et moi, émue, remplie de gratitude envers mon sens de la vue qui me permet de contempler tant de beauté.

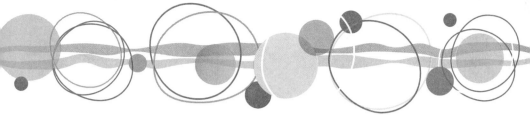

Le spectacle est terminé. J'applaudis, debout. Chapeau à ces jeunes finissants et finissantes de l'École nationale du cirque qui, toute leur vie, chercheront à se dépasser physiquement et spirituellement.

Assis dans la voiture, mon père et moi reparlons des numéros qui nous ont impressionnés. Je mets ma main dans la poche de mon imperméable et en ressors les deux biscuits chinois. J'extirpe les petits papiers et tombe deux fois sur le même message, que je lis à voix haute :

Votre bonheur est lié à votre regard sur la vie.

Ça me confirme une chose : jusqu'à ma mort, je vais continuer de regarder autour de moi. C'est ce qui rend ma vie si riche et c'est ce qui me rend aussi heureuse !

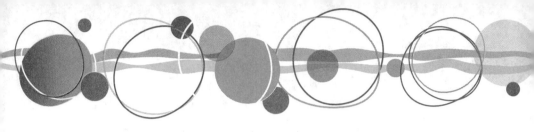

Lâchez-moi !

Cette année, pour mon anniversaire, j'aimerais avoir un cadeau. Pas un de ceux qu'on emballe avec du beau papier, pas la nouvelle mijoteuse multifonctions, pas un forfait dans un spa ni une tabarnouche de carte-cadeau non personnalisée. Pas non plus de déjeuner au lit pas mangeable qui m'oblige à faire semblant de verser une larme sur ma toast trop sèche, une autre dans mon café pas buvable et de prendre la pose pour la caméra les cheveux tout dépeignés, les yeux pochés, avec une haleine du matin que la caméra va quand même détecter...

Ce que je veux, comme cadeau d'anniversaire, cette année ?

LÂCHEZ-MOI, CIBOIRE !!!!

Non mais, sans farce, est-ce que je pourrais avoir une heure complète de paix et de silence dans ma maison, dans mes affaires ? Entendre le bruit du moteur de mon frigo, entendre mes petits légumes « crouncher » quand je les coupe pour MA collation de l'après-midi ? Une heure sans avoir à répondre à vos questions toutes les deux minutes...

Est-ce que vous réalisez le nombre astronomique de questions que vous me posez par jour ? Au moins cent. Cent questions auxquelles j'ai toujours envie de répondre :

«Je l'sais-tu, moi!!!!????» ou «Non, ça me tente pas!!!!»

1. Maman, y reste-tu de la mayonnaise?

2. Maman, y est où, mon autre bas?

3. Maman, peux-tu venir me reconduire chez Delphine?

4. Chérie, as-tu de la monnaie pour un vingt?

5. Maman, as-tu vu le coupe-ongles?

6. Maman, j'peux-tu prendre ton mascara?

7. Maman, comment on écrit ça, le verbe «bouillir» au plus-que-parfait du subjonctif?

8. Maman, à quelle heure il faut partir?

9. Chérie, as-tu sorti le chien?

10. Maman, est-ce que matante vient ce soir?

11. Maman, qu'est-ce qu'on mange pour souper?

12. Maman, est-ce que le chat a eu sa vitamine?

13. Maman, est-ce que je peux inviter Karine à souper?

14. Maman, comment on enlève ça, une tache de spaghetti sur un chandail blanc?

15. Chérie, as-tu fait le plein d'essence?

16. Maman, est-ce que je peux rester à l'école, demain, à la fin des cours, y a une activité?

17. Maman, pourquoi ta radio ne fonctionne plus dans ton auto?

18. Chérie, à quelle heure on est attendus chez Jean-Guy?

19. Maman, est-ce que je peux aller coucher chez Laurianne samedi ?

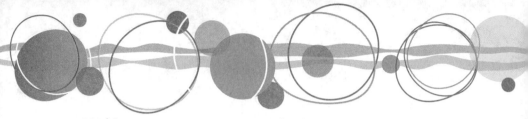

20. Maman, as-tu vu mon *game boy*?

21. Maman, j'peux-tu rentrer plus tard qu'à 23 h, ce soir?

22. Chérie, as-tu fait dégeler le rôti?

23. Maman, pourquoi t'as pas lavé mes pantalons bleus?

24. Maman, as-tu vu mon sac de judo?

25. Chérie, c'est quand, donc, mon rendez-vous chez le dentiste?

26. Maman, pourquoi y a de l'eau dans ma chambre?

27. Maman, pourquoi j'suis obligé de me brosser les dents?

28. Chérie, as-tu vu ma chemise verte?

29. Maman, est-ce que tu me donnes de l'argent pour aller magasiner?

30. Chérie, est-ce que tu as réservé au restaurant pour ce soir?

Je pourrais ajouter à cette liste les questions de mes amis, de mes sœurs, de mes parents, de mes voisins, de mes collègues et toutes celles qu'on se fait poser dans les lieux publics, comme :

- Avez-vous la carte Air Miles?
- Sac en papier ou en plastique?
- Traditionnelle ou crémeuse?
- Pour manger ici ou pour emporter?
- Ordinaire ou sans plomb?
- Un sucre, un lait?
- Un billet de 6/49 pour le grand tirage de ce soir?

Revenons-en à ma demande : est-ce que je pourrais avoir une journée par année pendant laquelle personne n'aurait le droit de me poser une seule maudite question? Ou alors, si c'est trop difficile, vous pouvez me poser vos questions par courriel et j'y répondrai le

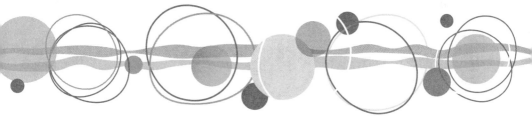

lendemain seulement. C'est pas une mauvaise idée! De cette façon, je consacrerais une seule période intensive d'une heure par jour à répondre à toutes vos questions et vos plaintes. Un genre de «service à la clientèle», sans être dérangée toutes les dix minutes...

L'autre jour, j'ai fait une petite étude maison. Je me suis assise pour lire dans le salon et j'ai noté le nombre de pages que je pouvais lire sans être assaillie par une question «urgente» (voir ci-dessus). J'ai tenu dix pages. Je m'en souviens encore. *La fiancée américaine*, de la page 168 à la page 178. Et c'était la première fois en plus de vingt-six ans de vie de mère que je réussissais à lire autant en continu!

Si on supprimait seulement les questions qui ont rapport aux repas, on abaisserait le stress de deux crans sur l'échelle de stress des mères de famille. D'ailleurs, pourquoi les femmes ont-elles disparu des émissions de cuisine?! Où sont donc passées les Jehane Benoit, sœur Angèle, sœur Berthe, Françoise Gaudet-Smet, Suzanne Lapointe, Janette Bertrand et autres? Elles ont été remplacées par des hommes. Pourtant, dans 97% des foyers québécois, ce sont les femmes qui assument la gestion des repas, des lunchs, des collations, etc. C'est très agréable de voir Ricardo, Christian Bégin, Martin Picard, Stéfano, Louis-François Marcotte, le cuisinier rebelle, et Jean-Francois Plante dans une cuisine, mais dans la vraie vie, ce sont les femmes qui y passent tout leur temps!

L'autre jour, Christian Bégin et ses deux invités ont passé un bon vingt minutes à regarder réduire une sauce. J'en ferais réduire des sauces, moi, si quelqu'un s'occupait de mes enfants pendant ce temps-là! Je ne demanderais que ça, faire des raviolis maison parfaitement symétriques et des saumons en croûte de sel, mais je n'ai pas quatre heures à consacrer à la préparation du souper... Non, j'ai à peu près vingt minutes, vingt-cinq si je suis chanceuse et que *Kaboum* joue au même moment. Tout le monde a faim, ça se roule par terre d'impatience, je dois signer une feuille pour l'école quand j'ai les mains toutes gommées de sauce. Bref, pendant mes 5 à 7, c'est

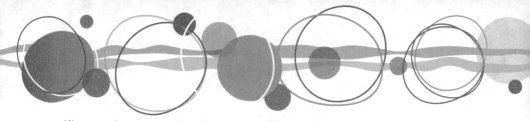

l'heure de pointe dans la cuisine. Une célibataire sans enfants passe deux soirs de suite chez moi et elle tombe en *burnout* instantanément. Mettons qu'elle va vite retourner à ses 5 à 7 à elle... qui sont pas mal plus reposants.

C'est certain que je ne passerai jamais à la télé avec mon pâté chinois, mon macaroni au fromage ou mes *hot chicken* faits avec des restes de poulet. C'est pas assez *fancy*. Le même pâté chinois change de nom si c'est un homme qui le prépare à la télévision et il devient : hachis Parmentier étagé aux trois couleurs.

Parlant de bouffe, puisque vous n'aurez pas le droit de me poser de questions, demain, vous ne pourrez pas me demander ce qu'on mange pour souper. Savez-vous ce que j'aimerais ? Que chacun se fasse un sandwich. Et ne me demandez surtout pas si je veux le mien avec de la mayonnaise ou de la moutarde !

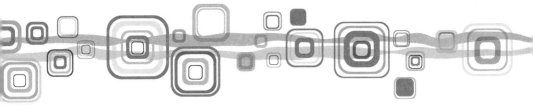

Tout le monde est bi

«Elle va en faire pleurer, des cœurs de p'tit gars!»

Chaque fois que quelqu'un prononçait cette phrase devant mes filles, lorsqu'elles étaient petites, j'avais ma réponse toute prête:

«... ou des cœurs de p'tites filles!»

Si vous voulez entendre le plus long silence, sentir le plus grand malaise et voir quelqu'un se mettre à bégayer, c'est la chose à dire! C'est vrai, qui vous dit que ma fille de trois mois n'est pas lesbienne? Qui vous dit que ce n'est pas avec une femme qu'elle trouvera le bonheur? Je ne répondais pas ça pour mettre les gens mal à l'aise, mais pour qu'ils se rendent compte de ce qu'ils venaient de dire (aussi parce que j'ai la ferme conviction que le changement passe par les prises de conscience...).

Concernant l'acceptation de l'orientation sexuelle de nos enfants, il reste encore malheureusement beaucoup de chemin à faire, socialement. Vous n'avez qu'à vous poser la question: «Comment je réagirais si mon garçon me présentait son nouveau chum? Si ma fille me présentait sa nouvelle blonde?»

Plus de 90% des parents vivent l'homosexualité de leur enfant comme un échec, une déception majeure. Les réactions varient:

certains mettent l'enfant à la porte, le renient, lui signifient leur déception, lui disent avoir souhaité autre chose pour lui, etc.

Ainsi, quand je m'informe des enfants de mes amis, je dis toujours : « Est-ce qu'il est en amour ? » et non : « Est-ce qu'il a une blonde ? Est-ce qu'elle a un chum ? »

Un père de cinq garçons me disait avoir hâte que les blondes viennent à la maison.

— Ou les chums…, ai-je soulevé.

Silence.

— Qu'est-ce que tu veux dire ?

— Ben… sur la gang de gars que tu as, il y a de fortes probabilités qu'il y en ait un qui soit homo.

Il n'avait jamais pensé à cette éventualité. Je peux comprendre qu'un parent n'y pense pas sans arrêt, mais de là à ne jamais l'envisager !

Très tôt, dans le cadre de l'éducation sexuelle de mes filles, je leur ai expliqué que tout le monde était bisexuel. Je sais bien que ce n'est pas la réalité, mais quand nos enfants nous entendent parler de bisexualité pour tout le monde, s'ils se sentent attirés par une personne du même sexe à l'adolescence, il me semble que ce sera moins dramatique. Parce qu'il est là le point : le drame. En quoi avoir une vie sexuelle ou affective avec une personne du même sexe est-ce grave ? C'est cette question qu'il faut se poser. En quoi est-ce que cela nous dérange, concrètement ? Aux parents qui répondent : « Mon enfant va souffrir plus que les autres » ou « Je n'aurai pas le plaisir d'avoir des petits-enfants ! » j'ai envie de rappeler le rôle déterminant qu'ils ont à jouer concernant cette souffrance liée à la différence.

À ce sujet, je veux souligner la façon de faire de Pierre Szalowski, un auteur que j'aime beaucoup et qui a fait un geste concret lorsque

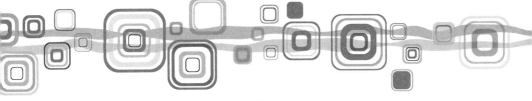

son fils de quinze ans lui a dit qu'il était homosexuel. Il a publié sur sa page Facebook : « Je suis l'heureux père d'un fils gai ! » Ça change du discours habituel et de la déception que plusieurs parents ressentent en apprenant l'homosexualité de leurs enfants. Les parents, les grands-parents, les oncles, les tantes, les profs, les voisins, tous les adultes entourant l'enfant qui déclare son homosexualité ont le devoir de choisir les bons mots, de renverser les tabous et les préjugés en montrant l'exemple d'un adulte fier de voir un enfant qui s'épanouit, qui s'assume et qui connaît l'amour.

On m'a souvent demandé comment je réagirais si une de mes filles m'annonçait (je n'emploie pas le verbe « avouer ». On avoue un crime ou quelque chose de mal) qu'elle est homosexuelle. Sincèrement, ma fierté tient davantage au fait que mes filles savent aimer et être aimées, plutôt qu'à la personne qui en est l'objet. Je leur dis même parfois que, même si je n'ai eu que des amoureux jusqu'à maintenant, il se pourrait un jour que j'aie une amoureuse. Tout est possible et on ne sait pas ce que la vie nous réserve !

Je veux surtout contribuer à diminuer la souffrance des personnes homosexuelles ou bisexuelles. Je ne vous assommerai pas de statistiques par rapport au suicide des jeunes homosexuel(le)s. Je ne vous ferai pas non plus la liste de situations homophobes qui surviennent encore en 2013, mais chaque fois que j'en suis témoin, ça m'atterre. Une jeune fille de vingt-trois ans que je connais bien a été mise à la porte de chez elle par sa mère lorsqu'elle lui a annoncé son homosexualité. Sa mère a déclaré qu'elle avait toujours su que sa fille était « un monstre ».

Un jeune homme de vingt-cinq ans a fait une tentative de suicide et il a confié par la suite à ses parents qu'il n'en pouvait plus d'avoir l'impression de leur faire honte à cause de son orientation. Malheureusement, plusieurs jeunes que je connais doivent mentir à leurs grands-parents pour ne pas les « traumatiser ». Ils arrivent donc seuls dans les partys de Noël, plutôt que d'être accompagnés par leur

amoureux du même sexe, et ce, même s'ils sont en couple depuis plus de deux ans. Dans mon entourage, j'ai aussi de beaux exemples d'amour entre deux personnes du même sexe :

- La mère de ma meilleure amie, Anne-Marie, est mariée avec une autre femme ;
- La sœur d'une de mes amies d'enfance a deux enfants avec une femme ;
- Le père d'un ami du cégep est bisexuel ;
- J'ai joué les entremetteuses et j'ai présenté un ami de ma fille à un réfugié égyptien, Zaki, qui a fait quatre ans de prison dans son pays parce qu'il était homosexuel ;
- Mon ami Daniel est né femme et est devenu un homme il y a quelques années ;
- J'ai plusieurs ami(e)s homosexuel(le)s heureux en couple depuis longtemps.

Mes filles connaissent très bien toutes ces belles personnes. Pour elles, c'est aussi normal de voir Pierrette et Micheline se tenir par la main, que France et Gilles.

Lorsque vous parlez de l'avenir amoureux de vos enfants, neveux, nièces ou élèves, il est primordial d'inclure toutes les possibilités et de les décliner comme étant tout à fait « normales ».

Au lieu de dire à un p'tit gars :

— Plus tard, quand tu vas avoir une femme...

Dites :

— Plus tard, quand tu vas connaître l'amour avec une personne...

Je vous demande d'intervenir quand des gens autour de vous utilisent le mot « fif » avec une connotation négative. Mes enfants et ceux de mon chum ont eu une période où tout était « fif ». Dès

qu'ils n'aimaient pas quelque chose ou quelqu'un, ils utilisaient ce qualificatif péjorativement :

— C'est tellement fif, cette émission-là !

— Ce prof-là est fif en maudit !

— Tel manège à La Ronde est vraiment fif.

Ils se traitaient même souvent de fifs entre eux et, chaque fois, je me fâchais, j'intervenais et je leur expliquais pourquoi ils devaient employer un autre mot. En tant qu'adulte, on ne doit pas laisser passer ça. J'ai eu du succès quand j'ai utilisé l'argument suivant :

— Ici, dans le salon, vous êtes six préados. Il y a de fortes chances qu'un ou une d'entre vous soit fif. Ne serait-ce que pour respecter cette personne dont on ne connaît pas encore l'orientation sexuelle, j'aimerais que ce mot ne soit plus jamais employé sous mon toit.

Cela a fonctionné. Je ne vous dis pas qu'ils n'utilisent plus jamais ce mot, mais moins souvent... devant moi, en tout cas !

Aussi, tâchez de ne jamais faire de sous-entendus liés à l'orientation sexuelle. De cette façon, nous travaillerons tous ensemble à bâtir une société où la discrimination, l'intolérance et l'injustice face aux homosexuels ne seront plus qu'un vague souvenir.

Fière de mes familles

Je ne parle pas souvent de ce sujet parce que je sais qu'on me juge, qu'on me condamne d'avance. Celles qui vivent la même situation le savent aussi. C'est une situation dont je ne me suis jamais vantée même si, aussi curieux que cela puisse paraître, j'en suis extrêmement fière! Oui, j'ai eu honte. Oui, je me suis jugée et je me suis traitée d'incapable, mais ça n'a pas duré. La vérité, c'est que je me trouve bonne d'avoir réussi à le faire, et deux fois plutôt qu'une, mais je ne peux malheureusement pas le crier trop fort. Aujourd'hui, j'en parle ouvertement parce que je crois qu'il est grand temps de cesser d'avoir honte.

Je suis fière de la famille que j'ai bâtie, car c'est une famille unique, recomposée, remplie d'amour, de partage et d'authenticité. J'ai deux enfants de deux pères différents et je vis avec un homme qui a quatre enfants de deux mères différentes.

Lors de ma première séparation, j'ai eu honte et je m'en suis voulu. Ma pauvre fille de quatre ans n'aurait pas ses deux parents sous le même toit... Cette honte n'a duré que quelques jours parce que, sincèrement, au fond de mon cœur, je ne le vivais pas de cette façon. J'allais tout faire pour que ma fille ait une vie riche, équilibrée et épanouie. Aujourd'hui, elle a vingt-six ans et je peux confirmer que tout ce que j'entrevoyais s'est réalisé : elle est bien

dans sa peau et elle a des valeurs familiales impressionnantes. En connaissez-vous beaucoup, des filles de son âge, qui passent plusieurs heures par semaine en compagnie de leur grand-père veuf? En connaissez-vous plusieurs, des filles de vingt-six ans, qui appellent leur père et leur mère tous les jours? Pas par obligation, mais par plaisir? En connaissez-vous beaucoup, des filles de cet âge, qui veulent faire des enfants plus tôt pour qu'ils aient le bonheur de connaître leurs arrière-grands-parents? Des filles de vingt-six ans qui s'occupent de leur sœur adolescente comme si c'était leur fille? Qui aiment leurs demi-frères et demi-sœurs comme si c'étaient leurs propres frères et sœurs? Bon, j'arrête, car vous allez me dire que je me gonfle d'orgueil à propos de ma fille.

Après ma première séparation, les gens autour de moi devaient penser: «Marcia est jeune, c'était écrit dans le ciel que son couple ne durerait pas.» J'avais donc une bonne excuse. Mais quatorze ans plus tard, quand le même scénario s'est répété, ce fut plus difficile. Je ressentais le même désir de liberté, la même envie de poursuivre ma route seule, mais il y avait deux éléments de plus qui pesaient dans la balance: le jugement des autres et mon propre jugement face à la situation.

Je me disais:

— T'es même pas capable de fonder une famille.

— Tu brises des familles.

— Tu mets des enfants au monde et tu leur *scrapes* la vie.

— T'avais juste à ne pas faire d'enfants, si tu savais que tu ne serais pas capable de leur donner ce qu'il y a de meilleur...

Je me répétais tout ce que la société pensait de moi. Et quand ces pensées négatives surgissaient, je me résignais et je continuais à vivre selon les règles de la p'tite famille traditionnelle parfaite. J'avais un beau bungalow, un garage, des vacances en famille, une piscine, sauf

que j'avais l'impression de vivre avec mon cousin ou mon coloc, j'en ai déjà parlé dans une précédente chronique. Mais mon Dieu que nous étions une belle famille! Une si belle famille où la madame a besoin d'air, une belle famille qui ne correspond pas du tout à ce que la madame souhaite, une si belle famille qu'on va tenter de garder intacte encore une année... Après onze ans dans cette situation, Adèle m'a invitée au restaurant. Elle n'avait que dix-sept ans, mais elle voyait bien que sa maman s'éteignait de jour en jour. Je croyais qu'elle avait une grande nouvelle à m'annoncer. J'ai finalement eu droit à une question très directe:

— Est-ce que c'est à cause de Madeleine que tu n'oses pas te séparer?

Je me suis mise à pleurer et je lui ai avoué que si Madeleine n'était pas là, Mario et moi nous serions séparés depuis longtemps. Et sa réponse m'a convaincue...

— Maman, ce n'est pas une bonne raison. Regarde ce que tu as réussi à faire avec ma vie de famille! Je n'ai jamais voulu autre chose que ce que j'ai eu: un père présent, une mère présente, deux parents qui s'entendent bien. J'ai eu le meilleur des deux mondes. J'ai eu une mère qui m'a donné l'exemple, qui m'a montré qu'il faut aller au bout de qui on est et qu'il y a différents moyens pour y arriver. J'ai eu une mère qui m'a appris que la vie, c'est une belle aventure, et qu'on a le choix de décider *comment* on veut la vivre. Tu sais, m'man, j'ai plein d'amies qui ont des parents qui restent ensemble pour les mauvaises raisons et si tu savais comme c'est triste, dans ces maisons-là! Ils ne vivent que pour leurs enfants, sont frustrés dans leur vie de couple et quand je rentre dans leur maison, ça paraît. C'est pas pour rien que bien des filles de mon âge sont les meilleures amies de leur mère. Leur mère n'a rien d'autre dans la vie! Plusieurs de mes amies m'ont même dit qu'elles aimeraient que leur mère se sépare et se fasse un chum, pour qu'elle les lâche un peu. Ces femmes compensent, n'osent pas vivre leur vie, alors elles se rabattent sur

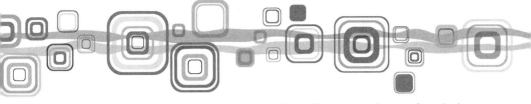

leurs enfants. Moi, maman, je suis fière d'avoir eu la vie familiale que j'ai eue. Oui, j'ai eu deux maisons, oui, tu as eu plusieurs chums, oui, mon père faisait parfois pitié parce que je trouvais qu'il était tout seul, mais à travers tout ça, je n'ai ressenti que du bonheur parce que j'avais deux modèles d'adultes responsables et épanouis, et c'est le plus beau cadeau que tu puisses faire à tes filles. On a déménagé souvent, parfois on n'avait pas beaucoup d'argent, mais tu es toujours restée la même à travers les épreuves et c'était pour moi la meilleure des stabilités.

J'écris les paroles de ma fille et les larmes me montent aux yeux. Cette scène est encore si vive dans mon esprit. Je me faisais confirmer par ma fille adulte que j'étais une bonne mère. Plusieurs pensent que la stabilité, c'est rester au même endroit avec la même personne pendant des siècles, mais ce n'est pas nécessairement le cas. J'ai lu cette phrase quelque part, un jour : « La stabilité passe par le changement. » Je dois donc être une des personnes les plus stables du Québec, parce que le changement ne me fait pas peur !

Adèle a conclu :

— Tu sais, Madeleine va s'adapter. Oui, ce sera un gros changement, mais ses repères, elle ne les perdra pas, ils ne seront plus sous le même toit, c'est la seule différence.

Ses paroles m'ont apaisée. J'ai donc commencé à préparer le terrain pour aller de l'avant avec ma décision de ne plus faire vie commune. Pour m'aider à ne pas reculer et à ne pas changer d'idée, je me disais : on va vendre la maison, on va partir chacun de notre côté et si, dans un an, on s'aperçoit qu'on est faits pour vivre ensemble, eh bien, on trouvera une autre façon de vivre.

C'est pour cette raison, entre autres, qu'il vaut mieux qu'il n'y ait pas d'autres « joueurs ou joueuses » dans le décor pendant la séparation. Vous allez me dire qu'on n'a pas toujours le choix, c'est vrai,

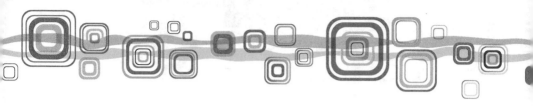

mais on se sert souvent de joueurs extérieurs pour précipiter une décision qu'on veut prendre depuis longtemps...

Dans mon cas, je me laissais une porte ouverte. Si la vie avait à nous ramener ensemble, j'étais ouverte, mais je ne voulais pas m'accrocher.

Je pensais que la deuxième séparation serait plus facile, parce que j'avais déjà vécu pareille situation. Au contraire, quelle période de turbulence! J'étais à la fois heureuse de cette nouvelle vie qui m'attendait, et angoissée devant l'inconnu. Je ne mangeais presque plus et je devais aller méditer au bord de l'eau tous les matins pour ne pas devenir folle. J'hyperventilais quand je me rendais compte de ce que j'étais en train de faire et je voulais retourner en arrière.

Pour m'en empêcher, une amie m'a donné un bon truc : noter sur une feuille toutes les raisons qui me poussaient à ce changement. Ainsi, quand on angoisse et qu'on veut reculer (car le cerveau a tendance à nous rappeler seulement les beaux moments), on relit la feuille qui nous confirme qu'on est en train de faire le bon choix.

Vous connaissez la suite : un an plus tard, j'ai rencontré Cœur Pur, avec qui je vis depuis ce jour (bientôt sept ans) une histoire d'amour comme je n'aurais jamais pu en imaginer, au-delà de toutes mes espérances. Madeleine pourrait vous dire la même chose qu'Adèle : elle est fière de la vie de famille riche qu'elle a.

Si j'écris ce long texte, ce n'est pas pour faire l'apologie de la garde partagée. Ce n'est pas non plus pour que vous couriez vous louer un appartement pour que vos enfants aient deux maisons. Non. J'avais besoin de vous dire que cette forme de famille est aussi honorable et respectable que la famille traditionnelle. J'avais besoin de vous dire que l'attitude de la société à l'égard des familles non traditionnelles est très blessante. On nous considère comme un échec, comme s'il n'y avait qu'un seul modèle valable, comme si les adultes qui vivent

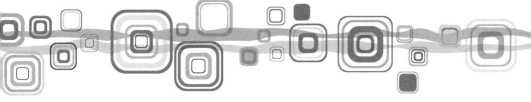

en couple sous le même toit avaient plus de mérite, faisaient plus d'efforts, étaient plus persévérants que les autres. Ce n'est pas le cas…

Les parents qui réussissent le tour de force exemplaire de « bien se séparer » ne cesseront pourtant jamais d'être jugés sévèrement. J'aimerais être considérée comme un modèle de femme ayant réussi ses familles, même si elles ne correspondaient pas au modèle valorisé socialement. Qui a décidé qu'il y avait un MEILLEUR modèle ? J'ai vu des enfants s'épanouir après la séparation de leurs parents, mais ça on n'en parle jamais… J'ai aussi vu des enfants issus de familles traditionnelles vivre des crises d'angoisse incroyables au moindre petit changement qui survenait dans leur vie. Il n'y a pas un seul modèle valable, il y en a plusieurs et ils valent tous la peine qu'on s'y attarde.

Pourtant, c'est souvent plus facile d'entrer dans le moule pour faire taire la petite voix qui nous dit : « Il me semble que cette vie ne te ressemble pas… »

On achète la paix, nos parents sont contents, nos beaux-parents aussi, on a une belle maison, on va aux pommes, on vit notre rêve familial exposé sur nos laminés de mariage accrochés aux murs, mais on oublie que notre beau rêve familial peut être différent. On peut vouloir former une famille différente, qui ne vit pas sous le même toit mais qui demeure très unie. Une famille où l'amour, l'entraide, la solidarité, l'écoute, la compassion, la communication, l'éducation et l'épanouissement des enfants sont au cœur des préoccupations des parents. Une famille exceptionnelle, belle, grande et digne de mention.

Quand une de mes amies refuse de se séparer, « endure » sa vie de couple et que son seul argument est « je ne veux pas briser ma famille », je lui répète qu'elle brise son couple, mais pas sa famille. Une famille, c'est des enfants et des parents. Le rôle de garder la famille intacte revient aux parents. La seule façon de briser une famille, ce serait d'empêcher l'autre parent d'avoir accès à ses enfants

et ça s'appelle l'aliénation parentale. Je pourrais écrire tout un livre là-dessus, étant témoin de première ligne avec des gens près de moi...

Tant que nous considérerons qu'il n'existe qu'un seul modèle de famille valable, tant que nous aurons l'impression d'avoir échoué, d'avoir brisé notre famille, et que nous porterons le poids de la honte alors qu'il faudrait porter la médaille de la fierté, nous nous enfermerons dans des scénarios de vie qui ne nous correspondent pas. Nous jouerons un rôle écrit pour une autre personne, sur une scène beaucoup trop petite pour nos ambitions. Et au moment où nous aurons le courage de tenir le premier rôle dans la pièce de notre vie que nous aurons écrite, les rideaux s'ouvriront majestueusement devant nous.

Madeleine et trois des enfants de Cœur Pur, Geremy, Bianka et Arthur.

Adèle et Madeleine.

Toute seule comme une grande

Voilà ce que j'aimerais que celles qui ont peur de la solitude comprennent : même toute seule, on n'est jamais seule.

Il y a l'isolement et la solitude. Ce sont deux choses bien différentes. L'isolement, c'est lorsqu'on se sent à part, isolée, seule au monde. La solitude c'est... une majestueuse, une merveilleuse, une vertigineuse sensation de bonheur que l'on partage avec soi-même.

Celles qui ont peur de la solitude n'ont probablement jamais ressenti cela et pour cause, elles ne se mettent jamais dans un contexte qui favorise l'éclosion de cette extase. Quand je parle de se retrouver seule, je ne veux pas dire seule dans sa voiture en s'en allant travailler, ou seule dans la maison à faire le ménage. Non. Il s'agit plutôt de se placer volontairement dans un contexte où l'on sera « obligée » de vivre l'expérience de la solitude. J'écris obligée, car rares sont celles qui recherchent la solitude. Manger seule au restaurant, partir seule en vacances ou se louer un chalet durant tout un week-end, ce ne sont pas les premières idées qui nous viennent à l'esprit.

La plupart des femmes que je connais qui vivent cette expérience de solitude sur une base régulière sont célibataires, dans la

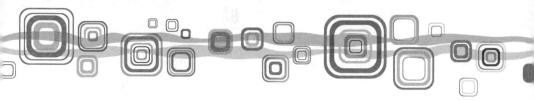

cinquantaine, et elles le font malgré elles. Parce que les enfants sont partis de la maison, parce que leurs amies ne sont pas disponibles, elles organisent leur quotidien et leurs activités autour de cette réalité.

Mais ce n'est pas de ce profil qu'il est question ici. Je m'adresse plutôt aux femmes «débordées», dont les enfants, jeunes ou ados, sont encore à la maison. Ces femmes qui n'ont pas une minute à elles ou qui, quand elles en ont une, l'utilisent pour accomplir une tâche, recevoir des invités ou voyager en famille. Le problème, c'est que les gens ne voient pas l'importance de s'obliger à vivre des expériences de solitude, ne serait-ce que pour leur santé.

J'écris ce texte assise sur le divan de mon chalet. C'est la première fois de ma vie que je suis complètement seule pendant plus de quarante-huit heures, au même endroit. Pas de chum, pas d'enfants, pas de sœurs, d'amies ou de parents! Même pas de téléphone ou d'Internet. J'en suis toute remuée. Au moment où j'écris, je ne sais même pas si je serai capable de rester seule tout ce temps.

Je me suis promis : si après vingt-quatre heures je n'ai plus rien de bon à lire, je n'ai plus envie de faire de siestes, je n'ai plus rien à écrire, bref, si je m'ennuie et que j'ai envie de revenir chez moi, ce sera OK. Quand j'aurai fait le plein de solitude, que je serai satisfaite, j'aurai le droit de rentrer, pas avant. Je ne dois pas non plus rentrer à la maison parce que je vis un inconfort, un vertige ou que je ne me sens pas bien. Je me place volontairement dans cette situation, car j'ai envie d'avoir de plus en plus souvent des périodes de solitude prolongée dans ma vie.

J'ai l'habitude des escapades de vingt-quatre heures, je l'ai fait pendant des années alors que j'étais jeune mère : c'était essentiel à ma survie psychologique. Je ne pouvais pas concevoir l'idée de me perdre de vue pendant longtemps. Ça n'avait aucun sens de devoir renoncer à ces moments de solitude en devenant mère, comme si pour les quinze années à venir, on me retirait le désir et le besoin

de flâner, de lire, de rêvasser et de recharger mes batteries en solo! Un non-sens selon moi. S'il y a une période dans la vie où on en a besoin, c'est bien pendant cette incessante heure de pointe familiale, qui commence en se levant le matin et qui se calme au moment où nos yeux se ferment le soir!

Et puis, ça fait du bien à tout le monde que vous «dégagiez»: à votre conjoint, à vos enfants et à vous. Faites-en l'expérience. Vous constaterez que tout ce beau monde vous appréciera davantage à votre retour. Pour ma part, ces petites escapades n'étaient pas un luxe, mais une nécessité. J'ai longtemps pensé que c'était un caprice, que je n'en avais pas réellement besoin, que je n'étais pas normale, que j'étais la seule mère à les vouloir. J'ai longtemps tenté de trouver d'autres façons d'avoir cette dose hebdomadaire de solitude sans que cela passe par une absence physique. J'essayais de «ne pas être là tout en étant là», mais c'est impossible.

Je me suis promis que quand mes filles auront des enfants, si elles sont incapables de s'offrir ces pauses, je vais les y obliger! Je me pointerai à l'improviste, un soir, et elles n'auront pas le droit de revenir avant le lendemain à la même heure. Sauf si elles réussissent à intégrer ces pauses dans le quotidien qu'elles partageront avec leur conjoint(e). Si elles sont comme 99% des femmes, elles feront passer ce «caprice» en dernier et attendront le moment parfait: si les enfants ne sont pas malades, s'il n'y pas de réunion de parents, si le ménage est terminé, si les lunchs sont faits, si toutes les brassées de lavage sont pliées et rangées dans les tiroirs, si leur chum n'a pas une activité ce soir-là, si elles ne sont pas trop fatiguées, si elles ne sont pas menstruées, si, si, si... Les raisons ne manquent jamais. C'est pour ça que, pour y arriver, il faut presque y être obligée. Appelons ça une P.S.

- Pause Solitude;
- Pause Santé mentale;

- Pause Salutaire;

- Pause de vie Sociale;

- Pause Spirituelle;

- Pause Si méritée;

- Pause Silencieuse;

- Pause Sommeil.

Voici les conditions non négociables pour qu'une P.S. soit digne de ce nom :

- Il faut être ailleurs que dans son lieu de vie habituel;

- Il faut être totalement seule (même en présence d'une bonne amie qui sait quand parler et quand se taire, ce n'est pas une P.S.);

- Il faut être loin des moyens de communication (Internet, textos, téléphone, etc.);

- Il faut s'organiser un programme qui nous fera plaisir : lectures si on aime lire, cuisiner nos repas préférés, prendre de longs bains, faire des siestes, écouter de la musique ou des films...;

- Il faut accepter de ressentir, durant les premières heures, un léger vertige lié au fait qu'on est hors de notre zone de confort. Ce vertige est normal et ne dure pas deux jours, je vous le jure;

- Il faut vivre le moment présent. Ne pas penser aux enfants, à ce qu'ils ont mangé, s'ils se sont couchés tard. En d'autres mots, il faut faire un effort pour ne pas gâcher ces moments avec des inquiétudes inutiles, laisser aller notre volonté de contrôle, lâcher prise.

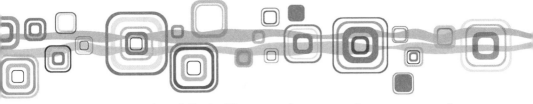

Je sais que c'est difficile. Vous me direz peut-être que vous n'en avez pas vraiment besoin, que c'est un luxe que vous vous offrirez quand les enfants seront grands ou quand vous serez à la retraite. Je vous en supplie, écoutez les conseils d'une mère qui a vingt-six ans de vie familiale dans le corps et qui vous dit que c'est *maintenant* que vous en avez le plus besoin.

D'ailleurs, j'ai voulu faire un cadeau à plus d'une dizaine de femmes qui, chacune à son tour, l'ont refusé. Pendant trois ans, alors que j'animais l'émission *C'est ça la vie* à Ottawa, je louais un petit bungalow à Gatineau. Il était libre toutes les fins de semaine et pendant trois mois durant l'été. Je trouvais dommage que cet endroit de rêve (situé à trois kilomètres d'Ottawa) reste désert, alors qu'il aurait pu profiter à quelqu'un. Chaque fois que j'entendais parler d'une femme de mon entourage qui était au bout du rouleau, épuisée, qui avait besoin d'une petite pause, je lui offrais ma maison. Un forfait tout compris, parce que j'avais même une voiture dans l'entrée, la télévision par câble, plusieurs films, un lit confortable, bref, la sainte paix et toutes les commodités, gratuitement. À mes amies de Montréal qui voulaient y aller en train, j'offrais même le billet aller-retour grâce à un système de points que j'accumule depuis des années.

Pendant quelques secondes, les yeux des femmes pétillaient, puis, après moins de deux minutes, une ombre passait dans leur regard. L'ombre de l'impossibilité.

— C'est impossible...

— Pourquoi, tu as autre chose de prévu? Tu iras la fin de semaine prochaine, alors.

— Ouain...

Une nouvelle ombre. Celle de la culpabilité, cette fois. Se sentir coupable de prendre du temps juste pour elles.

Au début, quand les femmes refusaient mon cadeau, ça me fâchait, je ne saisissais pas. Après plusieurs refus, j'ai enfin compris que c'était trop pour elles. Comme si on offrait un buffet somptueux à quelqu'un qui n'avait pas mangé depuis des semaines. Et toutes les raisons étaient bonnes pour refuser : pas le droit d'avoir du temps pour soi, peur de ne plus savoir comment être seule avec soi-même, peur de se rendre compte qu'à travers le regard des autres et, surtout, je crois, peur de se rendre compte qu'on est mal à l'aise dans cette situation de solitude.

Le succès de ces moments de répit repose justement sur le fait qu'on doit être bien avec soi-même. Mais comment peut-on mesurer la qualité de notre relation avec soi si on ne se donne jamais rendez-vous ? C'est pour cette raison qu'il est important de saisir toutes les occasions, de sauter sur toutes les P.S. qu'on rencontre sur notre chemin et, croyez-moi, elles sont plus nombreuses qu'on le pense !

Ce qu'on est incapable de se donner à soi-même, on ne l'aura jamais. C'est souvent ce dont on a le plus besoin, ce qui nous ferait le plus de bien, qu'on a de la difficulté à s'offrir.

Si vous correspondez à ce profil, répondez-moi sincèrement : auriez-vous accepté mon cadeau si je vous l'avais offert ?

Bon, je vais retourner lire quelques pages du livre que j'ai commencé hier. Il me reste encore une belle journée et demie de solitude devant moi. Je pense que ce quarante-huit heures sera le premier d'une longue série !

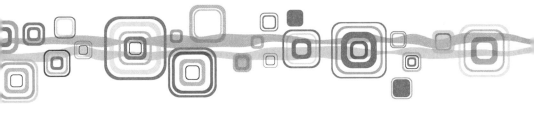

Un diamant qui brille

Lorsque j'étais à la barre de l'émission *C'est ça la vie*, j'étais toujours à la recherche d'idées pour faire plaisir aux téléspectateurs. Un jour, j'ai demandé aux gens de l'auditoire de nous faire parvenir la photo qui représentait le mieux un moment de leur vie où ils ont dit : « C'est ça la vie ! » Nous avons reçu un nombre impressionnant de photos. Pendant trois ans, j'en ai choisi une par semaine et j'appelais la personne qui l'avait envoyée pour l'entendre me faire de vive voix le récit en lien avec sa photo. Puis, la semaine suivante, en ondes, je présentais l'histoire et l'image.

Je me souviens d'avoir pensé : de toutes les photos reçues, personne ne m'avait fait parvenir une image de lui-même ou d'elle-même à côté d'un objet (une voiture neuve, une maison, un bijou ou un vêtement). Comme quoi pendant nos moments « c'est ça la vie », on baigne dans une émotion liée à une expérience plutôt qu'à une situation matérielle. De beaux paysages, des soupers de famille, des enfants... toutes des tranches de vie qu'on ne se lasse pas de se remémorer.

Vous essaierez le truc suivant : procurez-vous un petit album photo et faites imprimer une dizaine de photos qui représentent un de vos moments « c'est ça la vie ». En voyage, en jardinant dans vos plates-bandes, sur une terrasse avec votre amoureux, avec vos sœurs en camping, en train de cuisiner avec vos petits-enfants, au

restaurant avec vos parents... Lorsque vous serez déprimée, que vous aurez envie de chanter la chanson de Lisa Leblanc « P'tête que demain ça ira mieux, mais aujourd'hui ma vie c'est d'la marde!», prenez deux minutes pour regarder votre album.

J'ai conservé toutes ces magnifiques photos que les gens ont eu la gentillesse de m'envoyer, elles représentent de beaux moments de la vie et me rappellent le bonheur que j'ai eu de pouvoir établir une relation privilégiée avec cet auditoire.

Pourquoi j'aime faire de la télévision? Pour que les gens «de la vie de tous les jours» (dans le milieu de la télé, on dit le «monde ordinaire» mais je déteste cette appellation) aient une tribune, aient un espace sur nos ondes pour partager, se raconter, en dehors des émissions de téléréalité. Avant, il y avait des émissions comme celle de Claire Lamarche, où tous les sujets de la vie étaient traités avec la vision de ceux et celles directement liés aux thèmes. Maintenant, dans les «talk show», on n'invite que des vedettes... Cela sous-entend qu'il n'y a que les vedettes qui ont des vies intéressantes, qui ont quelque chose à dire et à partager? Oui, il faut des émissions avec des personnalités connues, mais il en faut aussi qui mettent en vedette les gens de la vie de tous les jours.

J'ai eu le bonheur d'interviewer plus de six cents personnes, en studio, pour *C'est ça la vie*. Des personnes extraordinaires, touchantes, vibrantes, inspirantes que je n'oublierai jamais. Elles-mêmes se trouvaient ordinaires et ne savaient pas à quel point elles se démarquaient des autres par leur force, leur façon d'être et leur façon d'avoir su passer à travers plusieurs épreuves tout en en ressortant grandies. Mon rôle était d'aller rapidement au cœur du message qu'elles avaient à livrer.

Dans ma loge, bien en vue (pour pouvoir le regarder plusieurs fois par jour), j'avais placé un gros diamant (un faux, bien sûr) qui me rappelait ma mission: faire briller le diamant que chaque personne porte en elle. Mon rôle consistait à éclairer ce diamant afin qu'il

brille devant les téléspectateurs. Je crois avoir toujours réussi. J'avais ma propre façon de préparer mes entrevues, mes questions, de me plonger dans un état d'esprit bien précis pour aller dans le sens de cette intention. J'avais une grande aisance à mettre les gens à l'aise, sur le plateau.

Ce n'est pas évident de venir accorder une entrevue dans une formule d'émission de télévision sans montage, seul avec l'animateur/animatrice. D'ailleurs, aucune émission ne propose cette formule. Quand Josélito reçoit ses invités dans le train, par exemple, il tourne pendant quarante-cinq minutes ou plus et ne garde que les meilleurs moments pour un total d'environ dix minutes. À *C'est ça la vie*, si l'entrevue durait neuf minutes dans votre salon, eh bien, elle avait duré neuf minutes dans mon studio (sauf exceptions). Tout un tour de force! Ce n'est pas pour rien que peu d'animateurs acceptent de travailler avec cette formule.

Je me battrai jusqu'à ma mort pour qu'il y ait des émissions qui laissent la place aux gens de la vie de tous les jours. Je rêve d'animer une émission très simple, dans un studio rempli de beaux êtres humains, où je m'appliquerai à faire briller des dizaines de diamants par émission, pour que, dans votre salon, vous puissiez polir le vôtre et toutes ses facettes, contribuant ainsi à plus de lumière dans ce monde qui en a tant besoin.

Peu d'entre vous savez à quel point vous avez un grand pouvoir sur ce que vous souhaitez voir ou non à la télévision. Bien plus grand que vous le pensez! Les diffuseurs tiennent compte des courriels, des appels téléphoniques, des commentaires de l'auditoire, je le sais. Malheureusement, je sais aussi que la plupart des diffuseurs trouvent les récits de vie de gens «ordinaires» peu intéressants et pensent, à tort, que la population préfère voir des vedettes jour après jour... Ils oublient que les vedettes, c'est vous, et que si les diamants restent cachés dans le sol, nous n'aurons jamais le bonheur de les voir briller.

Dans la brume

Il y a de la brume sur le lac et c'est beau.

Quand il y a de la brume dans ma vie, quand je ne vois plus rien tellement il y a des nuages d'émotions, je trouve que c'est beau aussi, parce que je sais que ça passera. C'est mon lac qui me l'a dit.

Il y a de la brume, parfois, dans ma vie, il pleut et il fait froid ; je ne vois plus devant moi et j'oublie que, de l'autre côté du lac, il y a une vie, ma vie qui continue. Quand il y a de la brume sur mon lac, j'ai envie de m'asseoir sur la rive et de pleurer. Qu'est-ce que je fais à la place ? Je me couche sur le quai pour prier. Entourée de la brume, je prie. Je demande à la vie de m'aider à continuer d'avancer, même si je ne vois pas de l'autre côté.

Je demande à la vie de continuer à m'aimer, même si je pense que je ne vaux rien et que j'ai peur de me noyer.

Je demande à la vie de me prendre dans ses bras et de m'aider à traverser, parce que même si je sais nager, j'ai si peur de couler.

Puis j'ouvre les yeux et on dirait que, déjà, il y a moins de brume.

Le plus difficile, couchée sur mon quai, c'est cette impression que tout le monde s'amuse, sait comment trouver son chemin, comment bâtir son destin. Alors que, moi, je ne sais plus rien.

Je me rends compte, parfois, que ne plus savoir est le plus beau des cadeaux, car c'est à ce moment-là précisément que la brume se dissipe et jaillit un soleil lumineux qui m'éclaire.

Pendant que je suis couchée sur le quai, à penser que toutes les femmes rient, jouent, magasinent, travaillent, cuisinent, reçoivent de la visite... je me dis qu'il y en a sûrement, des moments de brume, dans leur vie à elles aussi. Mais on n'en parle jamais. Comme si le fait de perdre ses repères devait rester secret. Pourtant, la brume, c'est aussi la vie.

Il y a de la brume sur mon lac et ça n'a pas l'air de le déranger.

Je sais que plusieurs ont eu, comme moi, à se coucher sur leur quai, le temps d'une pause, le temps de ne plus savoir, le temps de se perdre dans la brume pour mieux se retrouver ensuite. Je sais qu'il y a eu de la brume dans vos vies quand la maladie ou la mort a frappé, quand un de vos enfants n'allait pas bien et que son mal de vivre, sa douleur vous ont déchiré les entrailles.

Je sais que vous avez eu besoin de vous allonger quand vous avez appris une mauvaise nouvelle, comme le décès d'un être cher. L'injustice de la vie et, en même temps, le privilège d'avoir vécu.

Couchée sur votre quai, le corps, l'âme et l'esprit enveloppés de cette brume céleste, vous avez pensé ne plus jamais revenir à la vie tourbillonnante, là où on a besoin de vous jour et nuit, là où, brume pas brume, il faut « y aller », il faut avancer sans y voir très clair. Là où on doit parfois faire semblant de voir de l'autre côté, même si ce n'est pas vrai, parce qu'on est la gardienne du phare et que sans notre vision tout sombrerait.

Je sais que nous avons dû trouver notre quai intérieur, vous et moi, et que nous nous y sommes étendues en attendant que ça passe. Parfois, le temps passait si lentement que nous avions besoin de beaucoup d'imagination pour croire que la brume allait bientôt se lever.

J'avance maintenant, malgré la brume, et je pense à nous qui avons eu le courage de nous relever. Je pense à nous toutes qui aurons encore à le faire... on ne sait pas précisément quand mais, nous *saurons* nous relever; c'est mon lac qui me l'a dit!

Sur mon quai, dans la quiétude du matin.

Mon amie-cadeau

Je ne sais pas par où commencer, même si cela fait des semaines que je veux écrire ce texte. C'est une histoire que je n'arrive pas à m'expliquer. Ce n'est pas une histoire qu'on peut comprendre rationnellement. C'est une rencontre d'âme à âme.

Mon âme sait ce qui s'est véritablement passé, mais ma tête et mon cœur ne trouvent pas les mots. C'est une expérience profonde que j'ai vécue. Un cadeau, je dirais. Un immense cadeau que la vie m'a offert il y a un an. Je suis privilégiée d'avoir vécu cette histoire d'amitié et je vais tenter de vous la raconter.

En mai 2012, alors que j'étais chez moi en vacances pour l'été, on m'a fait parvenir un message qu'une téléspectatrice avait envoyé à l'émission que j'animais. Elle s'appelait Diane, avait un cancer en phase terminale et elle aurait aimé me parler. Je l'ai rappelée le jour même et nous avons eu un échange téléphonique pendant une heure. Cette femme, que je ne connaissais pas, voulait, avant de mourir, me dire ce qu'elle pensait de moi, ce qu'elle appréciait chez moi et plus encore. Pendant une heure, elle a parlé, lentement, m'a dit des paroles réconfortantes avec les mots que j'avais toujours souhaité entendre. Elle me livrait un message sur la vie, sur ma vie, sur l'importance de vivre le moment présent et bien plus encore. Diane savait qu'elle allait mourir bientôt et elle m'a

confié : « Je ne voulais pas partir avant de te dire ça. » Vers la fin de notre conversation, je lui ai demandé de répéter l'essence de son message, avec la permission de l'enregistrer (j'ai un petit appareil pour enregistrer les entrevues téléphoniques). Je voulais conserver cet entretien.

Après avoir raccroché, j'ai eu une idée : pourquoi ne pas aller chez elle avec une caméra et réaliser une entrevue, pour lui donner la chance d'exprimer son message devant un large public, avant de mourir ? J'en ai parlé à la personne responsable et on a convenu d'affecter une petite équipe à ce projet d'entrevue. J'ai rappelé Diane, qui a accepté. Je partais en vacances aux Îles-de-la-Madeleine et j'allais la revoir trois semaines plus tard pour le tournage. Je croisais donc les doigts pour qu'elle tienne bon jusque-là... Je ne savais pas, alors, qu'elle allait vivre encore un an.

Le jour de l'entrevue, je me suis rendue chez elle à Chelsea. Quand je l'ai vue, je me suis penchée pour la prendre dans mes bras (Diane était en fauteuil roulant, car elle ne marchait plus depuis des mois). Une longue étreinte qui dure depuis ce jour. J'ai été surprise en la voyant : je ne m'attendais pas à voir une femme bien en chair. L'image qu'on a des personnes en phase terminale est bien différente. Diane pesait plus de cent quatre-vingts kilos avant sa maladie et elle avait perdu quarante kilos en quelques mois.

Cette rencontre fut la première d'une dizaine de tête-à-tête. Une soirée, une journée, une petite heure ici et là... À un moment donné, Diane a même eu un regain d'énergie et elle a recommencé à sortir un peu, alors nous sommes allées au restaurant. Chaque fois que je me rendais chez elle, son mari Gerry me recevait comme une reine. Il n'a pas fait exception le soir du 14 février, dernière Saint-Valentin de Diane.

Lors de nos rencontres, je m'installais dans la chambre de Diane et nous parlions de la vie. À vrai dire, nous ne parlions pas beaucoup. On se tenait la main, je lui racontais ma vie, je lui posais

des questions sur le sens de l'existence, elle me parlait de conscience, d'authenticité et d'amour.

Lors de ma visite du 8 août 2012, j'ai sorti mon ordinateur et j'ai noté tout ce qu'elle me disait. Elle fermait les yeux et c'était comme un long monologue. Je relis souvent ces phrases, qui ont beaucoup de sens pour moi. D'ailleurs, après chacune de nos rencontres, j'en avais pour plusieurs heures à réfléchir à ce que ses paroles avaient fait résonner en moi.

C'est tout à fait unique de vivre de tels moments intimes avec une inconnue, de se lier d'amitié avec elle, tout en sachant que ça ne durera pas longtemps. Depuis que j'ai connu Diane, chaque fois que je passe du temps avec quelqu'un (mes enfants, mon chum, une amie, un collègue), je me place dans la même énergie et j'essaie d'apprécier le moment qui passe comme si c'était le dernier. Diane m'aura concrètement enseigné ça. Ces choses-là, on les sait en théorie, rationnellement, mais rarement en pratique, avec notre cœur. Il faut en avoir fait l'expérience. En ce sens, Diane a été pour moi une amie-cadeau.

Lors de nos nombreuses (et longues) conversations téléphoniques, je n'avais pas peur de lui demander si elle en avait assez de souffrir, si elle avait peur de mourir, si elle avait encore des choses à dire avant de partir. Elle aimait beaucoup que je la fasse rire... Je lui racontais mes anecdotes loufoques et elle me répétait de garder ce côté lumineux toujours vivant en moi. Parfois, elle me laissait des messages sur ma boîte vocale. Elle n'insistait jamais pour que je la rappelle, mais je sentais parfois dans le ton de sa voix que je devais le faire.

Un jour, j'ai reçu un appel m'apprenant qu'elle était à l'hôpital et qu'elle n'en ressortirait pas, que c'était une question de jours. Je me suis rendue à son chevet. Elle souffrait beaucoup. Je lui ai pris la main, tous ses proches étaient là, debout autour de son lit. Elle a demandé à ce que ses douleurs cessent et ils lui ont administré un

sédatif. En route vers chez moi, sur le chemin de Wakefield éclairé par une grosse lune ronde, je me suis sentie comme ça, moi aussi, remplie d'une lumière qui ne m'a plus jamais quittée depuis. Je me suis même dit que ce serait une nuit formidable pour mourir et j'ai admiré cet astre rond intensément, pour Diane qui ne le verrait probablement plus jamais.

Les jours suivants, je m'attendais à recevoir un coup de téléphone de Gerry pour m'annoncer le décès de mon amie. Rien. La veille de mon anniversaire, je suis retournée la voir à l'hôpital. Elle m'avait acheté des fleurs, elle allait mieux. Nous avons ri, jasé, c'était une belle soirée. Je savais qu'elle partirait bientôt.

Dehors, la lune n'était plus ronde... Contre toute attente, Diane n'est pas morte à l'hôpital. Elle est rentrée chez elle et ce n'est que quelques jours plus tard qu'elle est partie pour de bon. J'ai eu le temps de vivre une dernière soirée avec son mari, ses amies et elle, dans sa maison, dans sa chambre. Nous avons longuement philosophé, j'ai massé ses mains si douces. Elle ne pouvait plus parler aisément, mais elle m'a raconté pour la dixième fois au moins combien elle aurait aimé partir en Winnebago, pendant les derniers mois de sa vie, s'arrêter ici et là pour donner des conférences sans jamais savoir laquelle serait sa dernière. Si elle avait eu l'argent, elle l'aurait fait, je la connais.

Je lui ai dit que même s'il n'y avait pas de conférences avant sa mort, son message allait continuer à faire son chemin, parce que j'allais continuer à le porter et à l'incarner. Après tout, son message c'est aussi le mien : vivre au niveau de l'« être » au lieu de l'« avoir », être qui l'on est un peu plus chaque jour, et laisser de côté les peurs qui nous freinent, nous empêchent d'avancer.

Je pourrais te dire, Diane, que tu m'as appris à ne plus avoir peur de la mort, mais au-delà de ça, tu m'as appris à ne plus jamais avoir peur de la vie !

Je pense à toi tous les jours. Je t'imagine dans un beau Winnebago qui carbure à l'énergie céleste. Je te vois au volant, ton corps qui t'a tant fait souffrir devenu léger. Tu portes en toi la fierté, l'allégresse et la dignité des grandes dames.

Diane et moi, lors d'une de nos rencontres.

Musicienne de la vie

Vous me demandez souvent comment je fais pour écrire mes chroniques. Eh bien, moi aussi, je me le demande souvent! Chaque fois, je suis étonnée de relire un texte que je viens de pondre. Quand je relis les deux cent quatre-vingts chroniques des quatre premières saisons de *La vie comme je l'aime*, je ne me souviens plus d'avoir écrit ces textes. Je les redécouvre, je les lis comme si une autre personne les avait écrits et je comprends alors un peu mieux l'effet qu'ils vous font. Je comprends ce que vous voulez dire quand vous m'écrivez pour me dire que vous avez eu l'impression d'avoir une nouvelle amie, de ne plus être seule, enfin. C'est très important de rester en contact avec ce sentiment d'avoir fait une différence dans vos vies, car sans cela, je ne pourrais plus écrire.

Comme je le dis souvent lorsque je vous rencontre, je n'écris pas pour parler de moi. J'ai mes amies pour ça. J'écris pour partager ce que je sais et ce que je ne sais pas de la vie, pour être plus près de vous, au cœur des vraies choses, pour moi, aussi, pour avoir l'impression que je ne suis pas seule. C'est ce qui compte le plus dans la vie: avoir la conviction qu'on fait une différence, qu'on est liée avec les autres êtres humains. Je crois que quand je vais mourir, c'est ce qui me fera le plus de peine, de ne plus être «branchée» sur les êtres chers que j'ai tant aimés. Et vous en faites partie, chères lectrices.

Les gens très avancés dans leur réflexion sur l'au-delà – comme mon amie France Gauthier qui a écrit un livre ayant pour titre *On ne meurt pas* – disent que la communication, le partage de notre lumière peut continuer à se faire avec les êtres chers, même après leur mort. Je ne sais pas vraiment si je crois à tout ça, mais je suis sûre d'une chose, aujourd'hui, c'est que je ne veux jamais arrêter de vous écrire. Je veux poursuivre ce beau travail qui est d'échanger avec vous à propos de la vie, de notre vie, si limpide et si complexe à la fois!

Ce matin, une image formidable m'est venue et j'ai envie de la partager avec vous...

Je ne sais jamais à l'avance sur quel sujet je vais écrire. Je m'inspire souvent d'un thème, d'une situation vécue dans la journée. Il m'arrive même, dès le réveil, d'avoir tellement d'idées et de mots qui se bousculent que je dois sauter sur mon ordinateur avant de me faire un thé. Ce qui est toujours présent, peu importe le sujet, c'est le désir de vous faire entendre ma musique. C'est le « flash » que j'ai eu tout à l'heure en rédigeant mes pages du matin : je suis une musicienne de la vie.

Mes pages du matin sont comme des gammes et mes chroniques, des compositions. Une centaine de petites pièces de musique, parfois joyeuses, parfois nostalgiques, parfois tristes, mais qui vous atteignent droit au cœur, peu importe la période de votre vie. En amour ou célibataire, en deuil, en période de transition au travail ou en réflexion sur votre avenir professionnel, enceinte, fraîchement retraitée, en congé de maladie, attristée par le départ des enfants qui viennent de quitter le nid familial, en plein retour aux études ou tout juste diplômée, en métamorphose après avoir perdu vingt kilos, veuve, jeune mariée de quatre-vingt-deux ans? Peu importe, je sais que nous parlons toutes le même langage et que vous aimez la musique autant que moi.

Quand je m'installe devant mon clavier d'ordinateur, c'est comme si j'étais assise devant les touches du piano. Les lettres sont des notes et je tente de composer afin que vous receviez la plus belle mélodie qui soit et que l'on puisse vibrer ensemble. Je n'ai jamais vraiment composé de musique et je ne suis pas une musicienne profession-nelle. Je sais lire les notes et jouer quelques morceaux au piano, mais je ne connais rien aux *crescendo* et à tous ces symboles sur une portée, capables de transporter notre âme profondément sous l'eau, longtemps, en retenant notre souffle. Avec mes chroniques, c'est un peu ce que je vous propose : plonger dans le mouvement de la vie que nous aimons tant, aller en profondeur, ne pas rester à la surface des choses.

Vous me demandez comment je fais pour écrire ces chroniques ? Comme je le fais avec la vie : je plonge en prenant une grande inspi-ration pour aller entendre la musique au plus profond de mon être. Et quand je remonte à la surface, j'attrape mon ordi et je m'empresse de mettre en mots ce que la vie m'a fait entendre. Pour, je l'espère, le plus grand bonheur de votre âme.

J'ai pris cette photo dix minutes après mon réveil, car c'est à ce moment que surgissent mes meilleures idées de chroniques. Je n'ai pas triché; pas maquillée, pas coiffée... c'est ça, les pages du matin!

Mon éditrice, Sandy, et moi au restaurant où a eu lieu la signature du contrat.

Travail avec l'indispensable Chloé, ma directrice littéraire. Une fille allumée, brillante, compétente, avec qui travailler est un véritable plaisir.

Retravail du manuscrit à la chandelle.

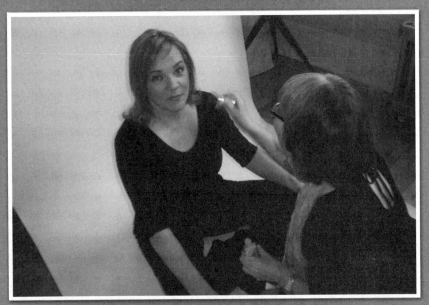

Retouches maquillage avec Marie-France Lamontagne pendant la session de photos pour la couverture.

Martine Doucet, la photographe... photographiée!

À la mémoire de...

Je veux dédier ce livre à toutes les femmes qui ne vivent plus sur cette terre et que j'ai connues de près ou de loin. Toutes ces femmes qui ont eu à quitter la vie qu'elles aimaient tant. Toutes ces femmes avec qui j'ai partagé un repas, avec qui j'ai travaillé, discuté, échangé et qui n'ont maintenant plus le bonheur de vivre. Je ne sais pas où vous êtes, on se recroisera probablement un jour sur un autre plan, mais en attendant, je veux que vous sachiez qu'à chaque instant, je savoure la vie pour vous toutes qui ne pouvez plus le faire.

- Arrière-grand-mère Élisabeth
- Grand-maman Blanche
- Grand-maman Madeleine
- Tante Marie
- Lorraine St-Cyr
- Violette Le Bon
- Suzanne Chénier
- Gemma Tellier
- Gisèle Simard
- Marthe Simard
- Françoise Laforest

- Anne-Marie Lemay
- Madame Yvette
- Estelle Paradis
- Marie-Claire
- Lise Bélanger
- Marie-Soleil Tougas
- Ariane Leclerc
- Marie-Claude Dionne
- Hélène Chabot
- Carole Parent
- Nicole Saïa
- Lise Lehoux
- Nathalie Trudel
- Carole Millette
- Lise Dubé
- Evelyn Dumas
- Berthe Trépanier
- Doris Laplante
- Mariette Hébert
- Fernande Hébert
- Carmen Beauregard
- Alice St-Cyr
- Francine Brouillard
- Gilberte Arcand
- Mireille Pelletier
- Élodie Pelletier
- Louise Boivert

- Marie Vanasse
- Valérie Letarte
- Hélène Pedneault
- Rosida Simard
- Lhasa de Sela
- Yolande Hébert
- Michelle Deslandes
- Maude Bélair
- Martine Paul-Hus
- Céline Beaudet
- Pauline Lapointe
- Elsa Lessonini
- Murielle Roy
- Norma Legault
- Diane Laroque
- Yvonne Corbeil
- Germaine St-Germain
- Pier Béland
- Aline Jalbert
- Annette Belzile
- Lucille Fortin-Chevrette
- Solange Laurin
- Florence Turenne
- Audrey Côté-Laroche
- Thérèse Ruiz

Un de mes plus grands plaisirs avec le livre

La vie comme je l'aime

est de lire les courriels que vous prenez le temps de m'écrire.

J'en reçois plusieurs et j'y réponds personnellement.

Si vous avez envie de me partager vos coups de cœur, de me donner votre avis sur certains sujets traités, d'ajouter votre grain de sel, de discuter ou d'échanger, vous pouvez le faire par le biais de mon site internet:

www.marciapilote.com

ou sur ma page Facebook.

Ce serait pour moi le plus beau des cadeaux...

Marcia Pilote

La vie comme je l'aime

CHRONIQUES D'ÉTÉ

ÉDITIONS DE MORTAGNE

Marcia Pilote

La vie comme je l'aime

CHRONIQUES DU PRINTEMPS

ÉDITIONS DE MORTAGNE

Achevé d'imprimer au Canada
en septembre 2013
sur les presses de Imprimerie Lebonfon Inc.